KB184261

파이어드

부의 해방일지

파이어드

FINANCIAL INDEPENDENCE: RELEASE ECONOMIC DOMINION

부의 해방일지

한정수 · 강기태 지음

체인지업
CHANGEUP

비트코인, 주식 등으로 단순히 부자가 되길 소망하는 이들은 저자들이 이 책을 통해 전하려는 메시지를 제대로 짚어내지 못할 수도 있다. 적어도 '돈'과 그것이 가져다주는 '행복'에 대해서는 여느 경제경영서와는 다른 해석을 내놓기 때문이다. 삶에서 돈이 차지하는 비중이 큰 것은 사실이지만, 돈 때문에 돈보다 소중한 것들을 놓쳐서는 안 될 일이다. 청년의 시기에 자산을 축적한 작가들의 이야기는 비슷한 시기의 독자들에게 새로운 독서 경험을 제공할 것이다. 다음 세대를 이끌어 갈 주역들과 함께 '물질 너머의 세계'를 두드려 보자.

- 박상규 (중앙대학교 총장)

오늘날 '파이어족'이라는 용어는 경제적 자유를 꿈꾸는 이들에게 매력적인 목표로 자리 잡았다. 그러나 그들이 실제로 어떤 삶을 살고 있는지, 목표를 이룬 이후에는 또 어떤 새로운 목표를 실현하고 있는지 제대로 알고 있는 사람은 많지 않다. 비교적 어린 나이에 경제적 자유를 얻은 두 청년은 모교의 후배들에게 자신들이 받은 배움을 나누는 든든한 후원자가 되었다. 《파이어드: 부의 해방일지》를 통해 파이어족으로 알려져 있던 저자들의 솔직한 이야기와 100여 명의 젊은 부자들에게서 얻은 생생한 교훈을 체득하길 바란다. 성공에 머무르지 않고 더 나은 세상을 고민하는 저자들의 흔적은 독자들로 하여금 삶의 충만함을 끊임없이 갈구하게 만들 것이다.

- 김상용 (前 고려대학교 경영대학장)

우리는 모두 돈으로부터 해방된 자유로운 삶을 꿈꾸지만, 현실은 돈에 구속된 작은 자신에 갇혀 평생을 보낸다. 그 틀을 깨고 나오는 일은 새로 태어나는 일처럼 어렵게 느껴지지만, 막상 깨고 나오면 터무니없이 작은 굴레였음을 깨닫게 된다. '성공'이 오직 실행한 자에게 주어지는 선물이라면 결국 스스로 움직여야만 한다. 여기, 돈으로부터의 제약을 이겨낸 젊은 작가들이 있다. 이들의 올곧은 가치관과 삶의 태도는 여러분을 경제적 자유로 이끌어주는 빛나는 나침반이 되어줄 것이다. 《파이어드: 부의 해방일지》는 그 '실행'에 관한 가장 구체적인 기록이다.

- **신민철** ('비트코인 슈퍼 사이클' 저자)

'20대~30대 시절에 이런 책을 접했더라면 얼마나 좋았을까?' 하는 아쉬움과 함께 저자들의 통찰력을 탐독해나갔다. '행복 추구'에 있어 돈은 수단일 뿐, 목적이 아니다. 많은 이들이 돈 앞에서 좌절하고 절망하는 이유가 여기에 있다. 이 책은 단순한 재테크 서적을 넘어 돈과 관련된 심리적·사회적 측면을 포괄적으로 다루며, 금전적 문제로 고민하는 모든 이에게 새로운 시각과 해법을 제시한다. 특히 저자들이 강조하는 '풍요로운 해방자'의 개념은 독자 개개인의 재정 철학과 삶의 방향성을 재고하게 해줄 것이다. 마지막 페이지를 덮으며, 스스로가 과연 '풍요로운 해방자'의 길을 걷고 있는지 진지하게 자문하길 바란다.

- **최철** ('미국 주식 투자의 정석' 저자)

앙드레 코스톨라니처럼

'인생을 어떻게 살 것인가.' 이 어려운 문제에 도무지 답을 찾을 수 없던 시절, 우리는 자연스럽게 우리를 이끌어주는 주변 어른들에게 조언을 구했다. 가장 많이 돌아온 답변은 이러했다. 열심히 공부해서 좋은 학점과 영어 점수를 받고 대기업이나 금융권, 공기업 등 안전한 직장에 들어간 후 정년퇴직까지 약 30년간 '안정적'으로 회사를 다니는 것이 '성공'한 삶이라는 것이다. 평범하지만 멋진 삶이라고 생각했다. 이름만 들어도 알 만한 회사에서 높은 연봉을 받고, 그 안에서 인정받으며 성실하게 살아가는 삶···. 그대로만 산다면 우리는 한 가정의 아들로서, 성인으로서, 또 가장으로서 책임을 다할 수 있으리라 생각했다.

그러나 '겉으로 보기에 안정적인 삶'을 유지하는 것은 생각보다 답답하고 어려운 일이었다. 수면 아래에서 미친 듯이 발버둥치는 우아한 백조, 혹은 제자리를 유지하기 위해 전속력으로 달리던 이상한 나라의 앨리스처럼 말이다. 우리는 20대 중반까지 이른바 '성공한 삶', '안정적으로 돈을 버는 삶'의 방향성을 따라 정해진 시스템을 묵묵하게 걸어갔다. 그렇게 사회가 요구하는 일반적인 '정도'를 걸었는데, 그 길에는 어쩐지 '자유로움'이 없다는 생각이 들었다.

그래서 우리는 이 지루한 길이 어디까지 이어질지, 다음 이정표인 내 집 마련과 결혼을 위해서는 얼마나 오래, 또 안정적으로 돈을 벌어야 할지 가늠해보기로 했다. 현실은 충격적이었다. 매년 3,000만 원씩 저축해도 서울 아파트 평균가인 9억 원을 모으려면 30년이 걸렸다.

그런 생각이 들던 차에 투자자이자 사업가인 '앙드레 코스톨라니'의 책을 읽었다. 그는 전 세계를 누비며 다양한 취미 생활을 했다. 미술 작품과 클래식 음악 감상을 즐겼고, 장소에 구애받지 않으며 일을 했다. 가족들과 평생 행복한 삶을 영위했으며, 눈감는 그 날까지 평온했다. 당시 우리는 코스톨라니가 한 사람으로서 온전한 자유를 누렸다고 생각했다.

앙드레 코스톨라니처럼 되고 싶었다. 일단 그 사람처럼 다양한 방법으로 많은 부를 쌓아 올려야겠다고 다짐했다. 돈은 모든 것을 허락할 것이며, 돈이 많아진다는 것은 마치 삶의 모든 자유를 얻는 것과 같다고 생각했다. 우리는 그때부터 눈에 불을 켜고 돈을 벌 기회를 찾아다녔다. 작은 사업을 진행해보기도 하고, 창작에 눈을 돌리기도 했다. 그러는 중에 블로그나 유튜브 채널을 여러 개 말아 먹기도 하고, 투자한 주식이 상장 폐지되어 투자금을 전부 날리기도 했다. 그렇게 몇 년을 삽질하다 보니 우리 손에도 조금씩 기회가 잡히기 시작했다. 시장의 흐름에 어떻게 올라타야 할지 눈에 보이기 시작한 것이다.

다니던 직장에서의 연봉을 한 달, 나중에는 하루 만에 벌기도 했다. 퇴사를 선언했다. 퇴사일에는 퇴사를 선언했던 날보다 자산이 몇 배나 불어 있기도 했다. 그렇게 서른이 되었을 때, 우리는 우리가 그토록 원했던 '자유로움'을 얻을 수 있었다. 앙드레 코스톨라니처럼, 더 이상 '생존'을 위해 일할 필요가 없게 되었다. 더 이상 매일 아침 기상 알람을 맞출 필요가 없게 되었다. 잔소리하던 직장 상사도 사라지고, '이왕이면' 저렴한 것을 사는 삶에서 '이왕이면' 좋은 것을 사는 삶으로 변했다. 드디어 우리의 시간을 온전히 '자유의지'에 의해 채우고 움직일 수 있게 되었다고 생각했다.

하지만 우리는 돈이 가져다주는 '자유'에 금방 익숙해졌다. 그리고 곧 마음 깊은 곳에서 '허무'라는 감정이 밀려왔다. "돈은 그저 행복만 가져다주는 줄 알았는데, 왜 외로움이나 허무함 같은 감정이 동시에 느껴지는 걸까? 돈을 벌어야겠다는 헝그리 정신이 사라져서일까?" 도무지 이유를 알 수 없어 혼란스러웠다. 우리는 해답을 찾기 위해 우리와 비슷한 고민을 하고 있을, 비슷한 상황의 사람들을 모으기 시작했다. 그리고 그러한 사람들이 모인 교류의 장을 열어 각자의 고민과 미래에 대해 이야기했다. 그 과정에서 100명이 넘는 젊은 부자들을 만났고, 다양한 성공 스토리와 돈과 행복에 대한 철학, 추구하는 삶의 방향성에 대해 들을 수 있었다.

그때부터 조금씩 깨닫기 시작했다. 우리의 삶과 돈의 관계는 단순한 1차원 그래프로 설명될 수 없다는 것을 말이다. 돈의 양이 커질수록 달라지는 부분도 있지만, 그 돈에 얽매이지 않고 진정한 자유를 얻는 데서 달라지는 부분도 있었다. '돈의 양'과 별개로 또 다른 축을 생각하게 된 까닭이다. 이는 돈을 어떻게 인식하고 대하는지에 관한 철학, 즉 '돈에 대한 태도' 그래프이다. 이 세상에는 단순히 부자와 빈자만 있는 것이 아니라 돈에서 해방된 '해방자'와 돈에 종속된 '종속자'가 존재한다. 부자라고 해서 돈의 구속에서 완전히 벗어날 수 있는 것도 아니고, 돈만 많다고 해서 온전히 자유롭고 행복할 수 있는 것도 아니다. 돈에 대한 확고한 철학을 갖고 자기 주도적으로 인생을 설계할 수 있어야만 비로소 더 큰 행복을 찾을 수 있다.

돈과 인생에 대한 그래프 >>>

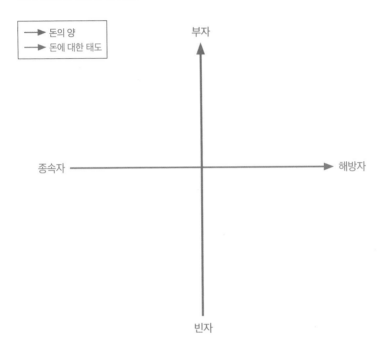

돈과 행복의 관계를 어떻게 이해하고 해석하느냐에 따라, 돈에 대한 철학을 어떻게 가지느냐에 따라 인생의 방향성은 완전히 달라진다. 어떤 사람은 더 많은 양의 돈만을 쫓을 수도 있고, 어떤 사람은 끊어내기 어려운 돈과의 관계에서 자유로움을 얻기 위해 노력할 수도

있다. 이 두 가지 접근은 모두 나름의 의미가 있지만, 한 번쯤은 자신이 그래프 어디쯤에 위치하고, 더 큰 행복을 찾기 위해서 어떤 방향으로 나아가야 할지 고민해볼 필요가 있다.

우리는 행복과 돈을 향한 여정 속에 있는 사람들과 고민을 나누기 위해 이 책을 썼다. 인생을 어떻게 살아야 할지 고민하는 사람들, 짧은 시간 안에 부를 쌓고자 하는 사람들, 이미 부를 이루었지만 인생의 진정한 의미를 찾는 사람들에게 우리가 찾아낸 나름의 해답을 던질 것이다. 우리는 그렇게 큰 부자도, 돈의 구속에서 완전히 벗어난 해방자도 아니다. 더불어 우리가 말하는 것들이 인생의 정답도 아닐 것이다. 그러나 우리가 겪었던 방황과 고민이 어두운 밤길과 같은 여러분의 여정에 한 줄기 빛이 되어줄 것이라 굳게 믿는다. 우리의 책을 통해 같은 길을 걷고 있는 사람들이 조금 덜 지치고, 조금 더 빠르게 원하는 목적지에 도달했으면 하는 바람이다.

2025년 2월,
한정수·강기태 올림

Chapter 1

파이어족, 그 후 4년

Chapter 2

부는 당신에게 모든 것을 허락한다

Chapter 3

부는 당신에게 모든 것을 허락하지 않는다

Chapter 4
해방자의 조건과 특징

Chapter 5
풍요로운 해방자로 살기 위한 가이드

파이어족,
그 후 4년

FINANCIAL INDEPENDENCE: RELEASE ECONOMIC DOMINION

$

다른 둘,
같은 꿈

이 책에는 한정수와 강기태, 전혀 다른 삶을 살아온 두 사람이 '성장'과 '축적'이라는 비슷한 목표 아래 함께 돈을 벌고, 함께 성장해 나가는 과정이 담겨 있다. 우리의 이야기를 글로 풀어가는 데 있어 '여정'에 대한 이야기를 하지 않을 수 없다. 서로 다른 환경에서 서로 다른 길을 걷다가 비슷한 단계, 비슷한 꿈을 꿀 때쯤 우리는 만났다.

한정수

2018년, 이제 갓 신입사원이 된 스물일곱의 내가 본 강기태 작가의 첫인상은 그야말로 '로켓'이었다. 어디로든 날아갈 준비가 된 것 같았다. 강기태 작가의 이름처럼 강력한 추진력이 있었고, 눌리지 않는 기세가 있었으며, 생각의 폭이 태산처럼 컸다. 잠깐 얘기를 나누는 동안에도 가슴에서는 엔진 같은 에너지가 뿜어져 나왔다. 강력한 목표의식과 그 의식을 뒷받침하는 실행력에 '이 사람은 머지않아 성공하겠구나' 하는 생각이 절로 들었다.

대화를 나눌수록 드러나는 계산적이고 논리적인 강기태 작가의 이야기는 매우 흥미로웠다. 나이대별로 달성하고자 하는 세세한 목표를 이미 갖고 있었고, 그 목표들을 지금까지 빠짐없이 이뤄왔다고 말했다. 서른이 되기 전에 베스트셀러 작가 되기, 삼십 대에 백만장자 되기, 입사 3년 안에 퇴사하기 등 당시 강기태 작가가 가지고 있는 목표들은 누군가에게는 무모하고 허무맹랑하게 느껴질 수도 있는 얘기였지만, 눈빛과 목소리에는 확신이 가득 차 있었다. 나와 정반대인 것 같으면서도 비슷한 면이 많았다. 그날, 강기태 작가에게서 내 모습을 본 것 같다.

강기태 작가를 움직이는 연료는 다름 아닌 강한 '승부욕'이었다. 어떤 분야든 몸담는 이상 최고가 되기 위해 노력했고, '최고가 아닌 순간'들은 모두 '최고가 되기 위해 고군분투하는 시간'이었다. 목표를 위해 누구보다 빠르게 움직였고, 배움의 과정을 수도 없이 반복했다.

그러한 노력 때문이었는지 그는 어느 조직에서든 돋보였다. 대학 시절, 작은 팀플이나 동아리 활동에서 언제나 리더를 맡아 주도적으로 일을 진행하였고, 은행 홍보대사 시절에는 수도권과 지방을 포함한 총회장이 되었다. 또한, 스타트업 회사의 경영지원 인턴으로 입사해, 매출의 3배를 영업해낸다거나, 교보생명 재직 당시 최연소로 과장급인 지점장이 되기도 하였다. 사격으로 비유하자면, '조준 → 사격'이 아닌 '사격 → 조준'의 형태라고 말할 수 있을 것이다. 남들이 볼 때는 조금 무모해 보일 수도 있지만, 강기태 작가는 준비의 과정보다 '먼저 실행하는 것'을 중요시했다. 가장 먼저 시행착오를 겪는 사람이 가장 먼저 성장하는 법이니까.

말하자면, 안빈낙도하며 자라온 내 삶에 강기태 작가는 강력한 자극을 주었다. 나는 그 덕에 목표 설정에 조금 더 구체적인 욕심을 낼 수 있었고, 목표를 더 빠르게 달성하기 위해 부지런히 움직일 수 있었다. 스스로의 성장을 위해서도 그렇지만, 강기태 작가와 '함께 성장하는 즐거움'을 오랫동안 누리려면 결코 안주해서는 안 되겠다는 생각도 들었다. 승부욕이라는 강력한 연료도 경쟁자가 없어지는 순간 동력을 잃어버리고 말 테니 말이다.

강기태 작가는 2018년 처음 만났던 모든 것들을 실제로 해냈다. 그가 쓴 책《서른 살, 비트코인으로 퇴사합니다》는 비트코인 분야 최고의 베스트셀러이자 종합 베스트셀러가 되었다. 또한 상대적으로 나보다 작은 자산으로 시작해 더 많은 자산을 일구어냈으며, 3년 안에 퇴사하겠다는 말까지 지켜냈다. 앞으로도 강기태 작가와 함께 성장하고 싶은 욕심이 있다. 함께 성장하는 최고의 방법은 서로 엎치락뒤치락하며 선의의 경쟁을 하는 것이다. 이런 생각에 다다랐던 2021년의 어느 날, 나는 신사동 사무실 앞 술집에서 강기태 작가에게 "너를 위해 너의 1등을 끊임없이 위협하는 2등이 되어줄게"라고 말했다.

삶의 여러 측면에서 각자의 색깔이 짙어졌고, 활동 분야도 일정 부분 달라졌다. 그래도 강기태 작가는 여전히 누군가에게는 허무맹랑해 보이는 목표를 이야기하고, 꿈같은 이야기를 한다. 함께해 온 시간이 신뢰를 더해, 나는 강기태 작가가 앞으로도 해낼 수 있으리라는 기대감을 갖고 있다. 우리는 여전히 서로가 서로의 자극제로 남아 지속적으로 소통하고, 다양한 인사이트를 나누며 성장 중이다. 이 책을 함께 쓰는 것도 우리가 그리던 서로 다른 성장 곡선의 교차점을 만들기 위해서다. 더불어 이 책을 통해 우리가 했던 2018년과 2021년의 다짐을 재확인하고자 한다.

2018년 9월 2일, 노량진에서 한정수 작가를 처음 만났다. 우리를 소개해 준 친구는 한정수 작가와 나를 '완전히 다르면서도, 완전히 비슷한 사람들'이라며 놀라워했다. 둘은 반드시 좋은 파트너가 될 거라고, 그러니 꼭 만나야만 한다는 친구의 말에 인연이 시작되었다.

한정수 작가의 첫인상은 말 그대로 '천재'였다. 고1 때 본격적으로 공부를 시작해 고2 2학기 때는 전교 1등, 고3 때는 언어·수리·외국어 영역 만점을 받으며 '강남 1등'이라는 별명이 붙은 수재였다. 고려대학교에서 경영학을 전공하고 컴퓨터 공학까지 섭렵해, 개발한 게임만도 해도 몇 종류가 되었다. 타고난 미술 감각과 학습력까지 고려한다면 한정수 작가는 분명 남다른 부분이 있었다.

그러나 세상에 천재는 차고 넘친다. 타고난 천재성만 믿고 노력하지 않는다면, 천재성의 유효기간은 분명 짧아진다. 만약 한정수 작가와 함께 오랜 시간 무언가를 해야 한다면, 지금까지 해온 것보다 앞으로도 잘 해나갈 사람인지 확인하는 것이 더 중요했다. 그래서 나는 겉으로 드러나는 천재성보다는 한정수 작가가 지닌 발전 가능성을 파악해야만 했다.

"꿈은 뭐야?", "그 회사와 그 직무를 선택한 이유는?", "네가 생각하는 돈과 시간의 의미는?", "뭘 할 때 가장 희열을 느껴?" 나는 일부러 조금은 무례하게 느낄 수도 있을 정도로 깊게 물어봤다. 한정수 작가가 당황스러울 때는 또 어떤 모습일지 궁금하기도 했다. 그러나 한정수 작가는 조금도 당황하지 않았으며, 자신감 넘치는 표정으로 대답했다. 어떠한 질문에도 대답할 준비가 되어 있다는 듯 막힘없이 술술 자신의 생각을 풀어낸 것이다. 그 과정에서 무엇을 중요하게 생각하는지, 어떠한 매커니즘으로 의사결정을 해왔는지 알 수 있었다. 그날 저녁, 노량진에서 삼겹살을 구우며 우리는 도원결의를 하게 되었다.

지금도 그렇지만 사회초년생이었던 그 당시에는 한정수 작가나 나나 분명 부족한 게 참 많았다. 정무적, 정성적 판단이나 사업적 역량, 세상을 바라보는 시야, 네트워킹 등 모든 면에서 부족함을 느꼈다. 사실, 이렇게 거창하게 말할 것도 없이 우리는 당장 회사 내에서 인정받기도 어려운 신입사원이었다. 그러나 한정수 작가는 조금 달랐다. 처음 만난 시점부터 이미 주변 사람들에게 인정을 받고 있었고, 그럼에도 늘 성장과 발전에 목말라했다. 충분히 잘하고 있음에도 상대방의 사소한 피드백을 놓치지 않았고, 발전의 자양분으로 녹여냈다. 계속 책을 읽었고, 계속 좋은 사람들을 만났다.

처음 만난 날의 기록 〉〉〉

한정수와의 만남은 운명적이다.

1. **단편적 목표에 연연하지 않는다. 모든 생각과 행동을 장기적 목표에 맞춘다.**
- 성공하는 삶에 대한 본질을 알고 있다. 지금 하고 있는 모든 것들이 성장의 과정임을 잘 알고 있는 사람이다. 작은 성공에 도취되지도 않는다.

2. **긍정적이다. 건강한 마인드를 갖고 있다.**
- 실패는 성장의 밑거름임을 알고 있다. 모든 행위는 배움이고, 그것을 통해 하지 못할 일은 없다. 무엇을 하든 성공할 수 있다고 믿는다.

3. **배움에 대한 열정과 호기심이 가득하다.**
- 끊임없는 독서와 각종 컨텐츠를 통해, 다양한 분야를 배워나간다. 이는 내가 배울 점이다.

4. **모든 것에 'why?'라는 질문을 던지는 사람이다.**
- 오늘 본 한정수는 본질을 꿰뚫는 사람이다. 누군가 본질을 비껴갈 때, 대화를 통해 서로가 서로를 제대로 바라볼 수 있게 돕는 사람이다.

5. **즐길 줄 아는 사람이다.**
- 일도, 사랑도, 삶도 모두 즐길 줄 안다. 함께하면 즐거운 사람이다.

완벽한 파트너다. 이 기쁜 순간을 글로 남긴다.

2018년 9월 2일, 일요일

그때의 기록을 지금 보면 멋쩍은 구석이 있지만, 좋은 파트너이자 친구가 될 사람의 첫인상을 추억할 수 있다는 것이 참 재미있다.

근황을 모르고 지내다가 어쩌다 안부를 물으면 한정수 작가는 늘 새로운 무언가를 도모하고 있었다. 그러한 시도가 성공의 범주에 들 기까지는 오랜 시간이 걸렸지만, 언젠가 해낸다는 믿음을 가지고 끊 임없이 도전했다. 예컨대 한정수 작가는 자신의 유튜브 채널 〈세상학 개론〉의 구독자 2,000명을 모으는 데 8개월이 걸렸고, 내가 운영하는 〈세력〉 채널은 열흘이 걸렸다. 얼핏 보면 내가 압도적이라고 볼 수 있 지만, 끝내 한정수 작가는 5만 명의 구독자를 나보다 더 빨리 모았다.

한정수 작가를 처음 만난 날, 내게 '엔터테인먼트' 분야에 뜻이 있 음을 밝혀 왔다. 그리고 현재 그는 드라마 제작사 〈연두컴퍼니〉를 통 해 자아실현을 해나가는 중이다. 지금의 한정수 작가는 그때와 조금 도 다르지 않다. 여전히 진취적이며 여전히 미래로 나아간다. 앞으로 도 그와 함께 방향성을 정하고, 우리가 꿈꾸는 다양한 일들을 실현해 나가고 싶다.

2018년 9월, 우리는 젊은 날의 패기와 잠재력을 마음껏 터뜨려보 자고 약속했다. 시작은 달랐지만, 처음 만난 순간부터 앞으로 오래 함 께하게 될 거라는 강한 확신이 들었다. 그렇게 약 1년 6개월 뒤, 우리 는 전 세계를 덮친 위기이자 기회를 잡을 준비를 하게 된다.

돈의 결핍을 느끼던
직장인의 삶

　야망은 컸지만 우리 둘은 사회경험이 부족한 신입사원일 뿐이었다. 직장인의 삶은 그리 녹록지 않았고, 입사 초기엔 하루하루가 긴장의 연속이었다. 입사 전 가졌던 '3년 안에 퇴사하겠다'는 포부는 뒤로하고, 하루의 업무량을 다 채우지 못해 늘 야근을 해야만 했다. 돌아오는 한 주가 두려워 월요일을 대비하기 위해 더러는 일요일도 출근했다. 다음 날 근무에 지장이 있을까 봐 저녁에 술을 먹는 것도 부담스러웠다. 누군가 강요하거나 그렇게 해야 한다고 말하지 않았다. 업무 숙달이 안 된 만큼 회사라는 조직에 피해가 갈 것이라 여겼고, 신입사원이라면 응당 그래야 한다고 생각했다.

처음엔 다른 새로운 일을 벌일 생각조차 안 들었다. 회사를 다니며 추가적으로 무언가 해내기 위해서는 적어도 함께 회사에 다니는 동료 직원들에게 피해를 줘서는 안 된다고 생각했다. 아주 잘 해내는 것까지는 아니더라도 최소한 한 사람의 몫을 해내려고 노력했다. 그렇게 정신없이 반년이라는 시간을 보내고 나니 직장생활에 조금씩 적응하기 시작했다. 9월~10월쯤 되니 조금씩 여유가 생겼고, 이내 몸이 근질거리기 시작했다. 그러던 와중에 마침 서로를 만나 '미래의 도전'을 함께 하자고 다짐하게 된 것이다. 그렇게 우리의 변화가 시작되었다.

우리는 매주 토요일 오전 9시, 노량진역 근처 카페에 모여 인생의 전략과 방향성을 고민했다. 고시생들이 모여 스터디 모임을 하듯, 우리는 전날 회식에 찌든 모습으로 공책과 펜을 들고 만나 이야기를 나눴다. 뭐 대단한 논의를 한 것도 아니지만 사업과 투자, 더 좋은 삶에 대한 생각과 고민을 나눴다. 서로 다른 가치관과 서로 다른 환경에서 자라온 경험들을 공유하며 정신없이 대화하다 보면 날이 금방 어두워지곤 했다. **포기하지 말자**(Persistence), **납기를 지키자**(Punctuality), **말보다는 행동이 먼저다**(Prove). 상경계열 출신들답게 '3P'로 이니셜을 맞춰 우리의 공통 철학을 담은 행동 원칙까지 만들었다.

우리가 하고 싶었던 것은 같이 할 수 있는 '무언가'의 창조였다. 그

것은 사업일 수도 있고, 단체일 수도 있고, 활동일 수도 있었다. 우리는 우리 스스로 무엇을 할 수 있고, 어떤 사람들을 도와주고 싶은지에 초점을 맞춰 생각하기 시작했다. 물론 둘 다 이제 막 취업한 새내기 직장인이었기에 사회에 대해 아는 게 많지는 않았다. 전 세대를 아우르는 사업이나 활동을 할 능력은 없다고 판단해 우리의 활동 범위를 '청년', 그중에서도 '대학생'과 '사회초년생'으로 좁혔다. 적어도 대학생과 취업한 직장인, 갓 창업한 또래 사업가들의 삶에는 어떤 식으로든 기여할 수 있을 거라고 생각했다.

우리는 청년이 하나되어 '스승과 제자', '멘토와 멘티'로서 서로를 이끌어주는 커뮤니티를 자연스레 기획하게 되었다. 가령 대학생들은 현직 직장인들에게 멘토링과 진로 상담을 받는 동시에, 대학생을 타깃으로 하는 스타트업에게 고객 패널, 신사업 제안, 마케팅 활동 등을 제공하는 컨설턴트 역할을 한다. 경험을 쌓고자 하는 대학생, 후배 대학생들에게 기꺼이 도움을 주고자 하는 직장인, 대학생들의 목소리를 듣고 싶어 하는 스타트업이 서로 시너지를 만드는 구조였다. 그렇게 '차별화된 경험과 지속 가능한 네트워크 형성을 통해 청년 경제의 선순환을 만드는 젊은 청년들의 모임'이라는 거창한 수식어를 붙인 청년컨설팅협회(Youth Consulting Association, 이하 YCA)가 창립되었다.

당시 '이 단체가 너무 순식간에 번창해서 회사를 다니지 못할 정도가 되면 어쩌지?'라는 괜한 걱정도 했다. 그러나 얼마 지나지 않아 무언가를 기획한다는 것과 그 기획을 실제로 실행에 옮기는 것은 굉장히 다른 문제라는 걸 깨닫게 되었다. 이것을 실행하기 전에 우리가 오랫동안 고민했던 리스크는 대부분 나타나지 않았으며, 정작 우리를 힘들게 한 문제들은 생각지도 못한 곳에서 튀어나왔다. '회사를 다니지 못할 정도로 번창하면 어떡하지?' 하던 걱정은 당연히 현실화되지 않았다. 처음에 우리는 좋은 일을 하기만 하면 돈을 벌 수 있는 구조가 자연스레 만들어질 거라 생각했다. 하지만 명확한 수익구조를 만들어내지 못했고, 현재도 'YCA'는 대학생 운영진들의 자발적인 활동과 우리들의 지원금으로 운영되고 있다.

결과적으로 돈을 한 푼도 벌지 못하고 오히려 적자를 봤지만, 사회초년생 둘이서 처음 함께 무언가 시도했던 것 자체만으로도 너무 좋았다. 우리는 그 과정에서 사업의 기본이 되는 프로세스를 경험해 볼 수 있었고, 무엇보다 함께 몰두하는 시간 속에서 가슴이 뛰었고 즐거웠다. 그래서 이때의 시행착오를 기록하고, 되새길 수 있게 《선순환》이라는 책을 직접 만들어 기념했다.

우리는 매주 토요일마다 하고 싶은 일, 수익화 방법에 대한 고민,

사업과 투자에 관한 많은 이야기를 나누며 시간을 보냈다. 그리고 그 대화가 끝나고 나면 다양한 아이디어와 좋은 생각들이 샘솟았고, 일주일간 더 많은 실행과 도전을 한 후 각자의 경험을 이야기했다. 우리의 첫 번째 시도는 다름 아닌 '유튜브'였다. 각자 잘할 수 있는 콘텐츠를 찾아 다양한 시도를 했다.

강기태 작가는 청년컨설팅협회의 연장선으로, 대학생을 대상으로 한 콘텐츠를 시도했다. '꼰대'를 조금 귀엽게 표현한(혹은 그렇게 주장하는) '꼰대'라는 채널을 만들었다. 그래도 한 걸음 더 나아간 대기업 직장인의 이야기를 대학생 구독자들이 들어줄 거라고 생각했다. 대학 시절 공모전 및 대외활동, 여러 토론대회 등에서 성과를 낸 비결을 비롯해 인턴이나 대기업 취업 전형을 20개 이상 패스한 노하우와 팁을 풀어내기로 했다. 그러나 생각보다 '대학생'이라는 타깃은 표본이 크지 않았고, 수익화를 생각했을 때 구매력이 크지 않은 집단에 속했다. 타깃에 대한 문제를 곱씹으며 구매력이 있는 집단을 대상으로 하는 유튜브 콘텐츠를 기약하며 첫 번째 채널을 닫았다.

이후 '모범시민'이라는 채널을 만들었다. 당시 사회 분위기가 '경제적 자유', '자동수익' 쪽으로 쏠려 있었기에 강기태 작가 역시 이런 메시지를 세상에 전하고 싶었다. 그러나 문제는 또 있었다. 경제적 자유와 거리가 한참 먼 사회초년생의 목소리에는 아무래도 힘이 실리지 않는다는 것이었다.

시간이 조금 흘러, 세 번째 채널인 '세력'을 만들게 되었다. 이 채널은 당시 강기태 작가가 투자에 대해 어떤 생각을 갖고 있는지, 비트코인과 알트코인에 어떤 전략과 태도로 투자하는지 그 생각을 공유하는 채널이었다. '재테크'는 전 세대를 아우르며 관심을 끌 수 있는 분야였고, 특히 성인들을 대상으로 했기에 구매력 역시 있었다. 그뿐만 아니라 당시 수년간의 투자와 비트코인 투자에 완전히 몰입한 상태였기 때문에 구독자들의 흥미와 공감을 사는 콘텐츠를 제작할 수 있었다. 변동 폭이 큰 가상자산 시장과 투자 기록들에 대한 영상들이 많은 공감을 얻었고, 불장에 큰 수익을 낸 지갑이 공개되면서 '평범한 직장인에서 자산가가 되어 가는 과정'의 기록이 되었다.

한정수 작가는 평소 로파이(Lo-Fi, 저음질) 음악을 즐겨 듣던 채널을 벤치마킹했다. 음악 공유 플랫폼인 '사운드 클라우드'에서 외국 인디 아티스트들의 곡을 따와 영상으로 제작했다. 지금은 1시간 이상 음악 믹스 영상을 올리는 채널이 굉장히 많지만, 당시만 해도 소수의 해외 채널이 대부분이었다. 무드에 맞춘 큐레이팅이 잘 맞았는지 조회 수도 제법 괜찮게 나왔다. 그렇게 첫 번째 유튜브에서 금방 2,000명 정도의 구독자를 모았는데, 오리지널 콘텐츠가 아니라 외부 아티스트들의 창작물을 올리는 형식이었기에 수익 창출 승인은 받지 못했다. 직장인이었던 한정수 작가는 수익 창출이 안 되면 할 이유가 없었기 때문에 바로 채널명을 바꿔 피벗(pivot)을 시작했다. 첫 번째 시도는 '수익 구조'의 한계로 싱겁게 막을 내렸다.

두 번째 채널은 미술에 대한 꿈을 펼칠 수 있는 채널이었다. 평소 한정수 작가만의 독특한 스타일대로 핸드폰, 신발, 스케이트보드 등을 리폼하곤 했는데, 이것을 콘텐츠로 만들었다. 하지만 미술 콘텐츠는 영상 하나를 만드는 데 일주일씩 걸릴 만큼 품이 많이 들어 직장인으로서 도저히 지속할 수 없겠다 싶어 방향을 틀어야만 했다. 두 번째 시도는 '시간의 한계'로 막을 내리게 되었다.

이 두 경험을 통해 명확한 비즈니스 모델을 갖추고 시간의 한계를 극복할 수 있는 '지속 가능한' 채널의 중요성을 깨닫고 '세상학개론'이라는 세 번째 채널을 개설했다. 유튜브 수익의 본질이 '영향력'이라는 생각을 했고, 다양한 분야에서 그 영향력을 키워내면 자연스럽게 돈이 따라올 거라 생각했다. 번아웃 없이 채널을 지속적으로 유지할 수 있도록 자막도 넣지 않고, 편집도 가능한 한 최소화했다. 그냥 카메라를 켜고 하고 싶은 말을 풀어냈다. 사진 얘기, 홍차 얘기, 향수 얘기, 시계 얘기, 투자 얘기, 술 얘기 등 관심 있는 분야의 얘기를 닥치는 대로 했다. '하나만 걸려라' 하는 심정이었다.

그러다 코로나가 터지고 유동성 장세가 지속되며 투자 열풍이 불었다. 자연스럽게 투자 얘기를 하는 콘텐츠의 조회 수가 많이 나오기 시작했고, 영상도 투자 콘텐츠에 더욱 집중했다. 그동안 투자를 해오며 세웠던 원칙과 투자 철학을 묶어 이른바 '투자학개론' 시리즈를 연재했는데, 마침 유동성 장세로 자산까지 성장하며 코로나가 터질 당시 1.5억 원 수준이던 시드가 40억 원 대까지 불어나는 모습이 생생하게 영상으로 담겼다. 의도한 바는 아니었지만, 투자로 큰돈을 벌고 직장을 퇴사하기까지의 인생 스토리가 고스란히 영상으로 남게 된 셈이었다. 그 후 출간 제안, 방송 출연, 언론 인터뷰 등 다양한 기회들이 찾아왔다.

우리는 각자의 유튜브 성공을 기반으로 해외, 즉 외국인을 겨냥한 유튜브를 시도했다. 그들이 방탄소년단 뮤직비디오를 보고 놀라는 영상에서 느꼈던 소위 '국뽕'의 감정을 거꾸로 이용한 콘텐츠였다. K-콘텐츠를 좋아하는 동남아시아나 남미 국가를 타깃으로 그들의 콘텐츠를 리뷰하는 영상을 만들었다. 우리가 직접 출연하기도 했고, 교복을 입은 학생들을 섭외해 촬영하기도 했다.

태국을 타깃으로 한 〈Thaicecream〉 채널은 9.5만 명, 인도네시아를 타깃으로 한 〈INKING〉 채널은 9만 명의 구독자를 모았다. 구독자가 '0'일 때 올린 첫 영상이 100만 뷰에 가까운 조회 수를 기록할 정도로 그 반응은 뜨거웠다. 태국, 인도네시아, 베트남, 브라질, 필리핀, 터키, 영어권 등 언어별로 채널을 만들어 도합 30만 명 정도의 구독자를 모았다(지금은 운영을 잠정 중단한 상태다). 한 달에 700만 원~800만 원 정도의 수입이 들어오긴 했지만, 틱톡이라는 외부 콘텐츠에 의존하는 구조적 한계도 있었고, PD와 편집자의 월급을 주고 나면 사

ThaiceCream

@thaicecream7057 · 구독자 9.51만명 · 동영상 51개

เหล่านี้เป็นนักเรียนเกาหลีในวัย 20 ของพวกเขาที่รักประเทศไทย :) ...더보기

🔔 구독중 ∨

INKING

@inking3816 · 구독자 9.06만명 · 동영상 48개

Ini adalah saluran untuk mahasiswa Korea yang mencintai budaya Indonesia :) ...더보기

🔔 구독중 ∨

실상 남는 게 없기도 했다. 그래도 유튜브 콘텐츠는 결국 '감정의 외주화', '감정을 포장해서 파는 자판기'와 비슷한 부분이 있다는 인사이트를 얻은 값진 경험이었다.

　운이 좋게도 우리는 유튜브 채널이나 집필한 책 모두 결과가 좋았지만, 자산을 형성하는 과정에서 가장 큰 도움이 된 것은 '투자'였다. 2019년과 2020년에 나눴던 사업에 대한 다양한 인사이트도 의미가 있었지만, 투자에 대한 고민을 함께 나누며 많은 발전을 이루어낸 것이 컸다. 회사에서도 쉬는 시간이나 점심시간에는 '투자'에 대한 정답을 끊임없이 찾으며, 어떤 것이 좋은 의사결정인지에 대해 고민했다.

우리는 불황의 징조인 장단기 금리 역전현상이 발생한 시점(2019년)부터, 어느 순간 역사상 최악의 주식/자산시장의 폭락이 올 수 있다는 생각을 했다. 그리고 정말로 그 시점이 온다면 어떻게 행동하고 생각해야 할지 치열하게 고민하고 상상했다.

그리고 마침내 코로나로 인한 최악의 대폭락이 왔다. 당시 코스피 1900, 1800을 돌파하며 내려가던 시점이 생각난다. 2020년 3월 코로나 대폭락 때 기회를 잡기 위해 뛰어든 대부분의 사람들이 저점을 잡지 못한 이유는 저점까지 도달했을 때 수중에 현금이 없었기 때문이다. 코스피 2000까지는 절대 깨지지 않을 거라 생각한 사람들은 코스피 2000이 붕괴되었을 때 수중에 있는 현금을 모조리 주식에 투자했다. 1950을 지나 1900까지 떨어졌을 때는 빚까지 끌어모아 투자를 했다. 실제로 증권회사에 다니는 많은 지인들과 선배들은 현금을 모두 소진한 상태였다. 하지만 코스피는 1800, 1700, 1600을 지나 1400대까지 순식간에 떨어졌다. 코스피 2000과 1900대에 이미 현금을 다 써버린 사람들은 손가락을 빨며 지켜볼 수밖에 없었다.

하지만 우리는 '바닥이 좀 더 밑에 있을 것'이라고 생각했다. 2008년 서브프라임모기지 사태를 그린 영화 《빅 쇼트》를 좋아해서 10년에 한 번 오는 대폭락의 기회를 기다리고 있었기 때문이다. 코로나로 인한 대봉쇄가 10년에 한 번 오는 '그 사건'이라면, 코스피 2000 붕괴가 아니라 1000까지 떨어질 정도는 되어야 한다고 생각했다. 그렇게 우리는 미리 시뮬레이션한 대로 천천히, 그리고 여유 있게 분할 매수를 시작했고 아래를 찍고 올라오는 시점까지 분할 매수를 충분히 할 수 있었다.

아무리 둘이 토론하며 계획적으로 투자한다고 해도 파고드는 공포심을 막기는 어려웠다. 말 그대로 곡소리 나는 시장이었다. 이전에 투자해두었던 자산들은 벌써 수익률이 마이너스로 바뀌는 상황에서 대출까지 써가며 인생을 거는 게 과연 맞는 일인지 끊임없이 되물었다. 하지만 공포심과는 별개로 머릿속에는 지금껏 경험하지 못한 어떤 확신이 들었다. 금융위기가 어떻게 시작되고 끝나는지를 이해하기 위해 2007년부터 2008년까지의 경제신문 1면을 전부 출력해 벽에 붙여놓았다. 미국이든 한국이든 결국 정부는 추락하는 증시를 가만히 놔둘 수 없었을 것이기에, 정부의 움직임을 위주로 촉각을 곤두세웠다. 혹시 모를 상황을 대비해 절대 망하지 않을 우량주들을 중심으로 담았다. 폭락장에서 가장 피해야 할 것은 현금의 고갈이라고 되뇌며 현금이 동나지 않도록 철저히 계산해가며 투자했다.

그렇게 우리는 함께 인생 최대의 기회를 성공적으로 잡을 수 있게

작가의 방 벽에 붙여둔 2008년 대폭락과 2020년 대폭락 당시 신문 사진 》》

되었다. 이전에는 상상하기 어려웠던 큰돈을 벌게 된 것도 신기했지만, 친구와 인생이 바뀌는 경험을 함께할 수 있었다는 게 더 좋았다. 워낙 흔치 않은 일이라 서로가 없었다면 이 경험을 주변에 공유하거나 공감을 구하기 어려웠을 것이다. 나중에 알게 된 사실이지만, 우리처럼 서로가 버팀목이 되어 기회를 함께 잡은 사례는 꽤 많았다. 투자에 대해 토론하는 형제, 투자 의사결정을 같이 하는 투자 파트너, 심지어 다양한 유튜브 채널의 유튜버들과 토론하며 인사이트를 얻어 좋은 결정을 하는 사람들도 있었다.

폭락 당시 불안한 마음을 달래던 작가들의 대화(2020년) 》》》

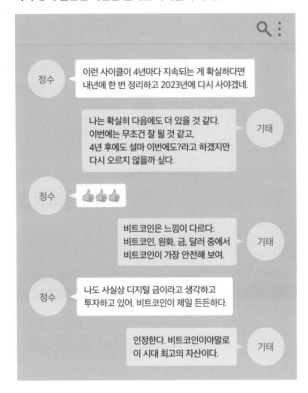

정수: 이런 사이클이 4년마다 지속되는 게 확실하다면 내년에 한 번 정리하고 2023년에 다시 사야겠네.

기태: 나는 확실히 다음에도 더 있을 것 같다. 이번에는 무조건 잘 될 것 같고, 4년 후에도 설마 이번에도?라고 하겠지만 다시 오르지 않을까 싶다.

정수: 👍👍👍

기태: 비트코인은 느낌이 다르다. 비트코인, 원화, 금, 달러 중에서 비트코인이 가장 안전해 보여.

정수: 나도 사실상 디지털 금이라고 생각하고 투자하고 있어. 비트코인이 제일 든든하다.

기태: 인정한다. 비트코인이야말로 이 시대 최고의 자산이다.

다양한 시도와 헛발질 끝에 우리는 시대의 흐름을 얻어타고 '자유'를 얻게 됐다. 수십억의 자산을 모으면 하고 말 거라고 정리해두었던 리스트 하나씩 지워나가기 시작했다. 각자 모교에 기부를 하고, 이름을 딴 장학금도 만들었다. 우리가 만들었던 대학생 단체인 'YCA 장학 프로그램'을 조성해 장학금을 주기도 했다.

고려대학교 경영대학 2024학년도 1학기 장학증서 수여식, 한정수 작가 >>>

2022년 중앙대학교 발전 기금 전달식, 강기태 작가 >>>

우리는 나이에 비해 큰돈을 기부하며, 기부는 '젊을 때 하는 것이 가성비가 좋다'고 생각했다. 상대적으로 적은 액수를 기부해도 젊다는 이유만으로 더 좋게 봐주는 분들이 많았고, 더 많은 사람들에게 좋은 영향을 줄 수 있었다. 기성세대가 크게 기부하는 경우는 종종 있지만, 이제 막 사회초년생이 된 젊은이들이 크게 기부하는 경우는 드물기 때문이다. 기부는 남들 모르게 조용히 하는 게 멋있다고 생각하는 사람들도 있겠지만 우리는 생각이 다르다. 오히려 생색을 많이 내고, 더욱 많이 알리는 문화가 자리잡혀야 한다고 생각한다. 거기서 오는 행복 덕분에 기부자가 더 오래, 더 많이 기부하게 된다면 결과적으로 훨씬 좋은 일임이 틀림없기 때문이다. 값비싼 명품 등을 구매했다는 것을 알림으로써 허영심을 채우는 것보다 도움이 필요한 곳에 기부했다는 것으로 허영심을 채울 수 있다면 훨씬 더 나은 세상이 될 것이다. 누군가의 기부는 다른 사람의 기부를 부추긴다. 만약 아이유나 유재석 같은 유명한 연예인들이 많은 액수를 기부했다는 사실을 몰랐다면, 우리들의 기부 액수는 훨씬 적었을 수도 있다.

중앙대학교 박상규 총장과 강기태 작가 >>>

제1회, 제2회 YCA 장학 프로젝트 포스터 >>>

'일'의 의미가
달라지는 과정

돈에 얽매이던 삶에서 자유를 얻게 된 우리는 최대한 빠르게 퇴사하기로 결정했다. 내 회사가 아닌 다른 사람이 소유한 회사에 시간을 쏟는 것이 아깝게 느껴졌다. 회사를 벗어나 모든 시간을 자유롭게 사용하면 무엇이든 해낼 수 있을 것 같다는 생각이 들었다. 젊음이 있고, 돈이 있었다. 함께 만나 발전해오며 생각한 대로 해냈고, 앞으로도 그럴 것이라는 확신이 들었다. 더불어 회사 밖에서 할 수 있는 일은 무궁무진하고, 온전한 자유를 통해 많은 것을 해나가리라 마음먹었다. 함께 사무실을 구하고, 그 안에서 수많은 사업을 함께 하며 지속성장을 해나갈 것이었다.

처음에는 시간의 자유를 즐겼다. 해보고 싶었던 것들을 마음껏 하고, 배우고 싶었던 것들도 마음껏 배우며 시간을 보냈다. 소중한 지인들을 넓어진 집과 필요 이상으로 비싼 월세의 사무실에 초대해 파티를 했고, 우리의 성공을 자축했다. 그야말로 파티의 연속이었다. 그렇게 자유를 만끽하면서 20대엔 쳐다보지도 않았던 게임을 하루 종일 해보기도 하고, 알람 없는 삶을 살며 스스로 영화 속 주인공이 된 듯한 착각도 해봤다. 지금 돌아봐도 굉장히 가치 있고, 기분 좋은 일이었다. 충분히 만끽해도 괜찮았다.

그렇게 6개월의 시간이 흘렀다. 그때부터 조금씩 삶에 결여된 무언가가 느껴지기 시작했다. 치열했던 열정이나 고민들이 삶에서 사라졌다. 어떻게 돈을 벌지에 대한 고민이 사라졌다. 싫은 것, 힘든 것이 삶에서 사라지니 좋으면서도 어색했다. 분명 회사에서 무언가 명확하게 해야겠다는 생각들이 있었는데, 명확했던 많은 것들이 실제로는 명확하지 않다는 것을 깨달았다.

한참을 쉬다가 다시 열심히 살려고 하니 마음처럼 되지 않았다. 다른 의미로 새로운 경험이었다. 처음에는 나태함이 계속되다 보니, 다시 가열되기까지 시간이 걸린다고 생각했다. 나중에 알게 된 것이지만, 이것은 스스로 일을 왜 하는지에 대한 명확함이 부족한 탓이었다.

이전까지는 '돈'이 아주 강력한 동기부여가 되어 삶에 부스터를 달아주었지만, 어느 정도 목표한 자산을 이룬 시점에서 돈이 가진 동기부여의 힘은 약해져 있었다. 그전까지는 돈을 모으겠다는 강력한 의지를 폭발적인 연료로 삼아 움직였기 때문에 그 빈자리가 더욱 크게 느껴졌다.

그럼 돈이 동기부여가 되어주지 않는다면 무엇으로 동기부여를 해야 할까? 그때 우리는 '왜 일을 해야 하는지'에 대한 고민을 시작하게 되었다. 일을 하는 가장 큰 이유가 '돈'이었을 때는 생각도 못 했던, 아니 생각할 필요도 없었던 주제였다. 돈을 벌기 위해 일하는 것은 생존을 위한 너무나도 '당연한 행위'였기 때문이다. 하지만 생존이 해결된 상황에서 '돈은 좋은 것이니까 더 벌어야 한다'라는 맹목적인 생각은 우리를 쉽게 움직이지 못했다. 그럼 돈을 더 벌기 싫어진 걸까? 당연히 그것도 아니었다. 돈은 다다익선, 많으면 많을수록 좋다. 이런 생각이 꼬리에 꼬리를 물며 고민하게 되었다. 그렇게 우리는 돈이 되는 일보다는 스스로를 움직이는, 하고 싶었던 일들의 비중을 높여 나가기 시작했다.

강기태 작가는 투자 콘텐츠 제작 회사 〈비욘드프리〉를 만들어 투자를 통한 시간의 자유를 이룰 수 있도록 돕고, 그 이후의 삶에 대해서도 함께 고민할 수 있는 콘텐츠를 만들고 있다. 또한 책과 투자를 통해 삶을 바꾼 경험을 토대로, 투자자 독서 모임 '세빛'과 투자자 커뮤니티를 만들어 투자 토론의 문화를 만들어가고 있다. 운영 중인 유튜브 채널 〈세력〉에서는 투자자 스스로 확증 편향을 깨고, 다양한 글로벌 투자자들의 관점을 함께 볼 수 있도록 번역본을 제공하고 있다. 단순히 채널의 수익만 생각했다면 결정할 수 없는 일들이다.

한정수 작가는 드라마 제작사 〈연두컴퍼니〉를 만들어 드라마 연출을 공부하기 시작했고, 캐주얼 의류 브랜드를 만들어보기도 했다. 뭘 해야 많은 돈을 벌 수 있을지 궁리했던 직장인 시절에는 절대 뛰어들지 않았을 새로운 시장이었다. 마침 글로벌 시장을 뒤흔든 'K-콘텐츠'가 학창 시절 갖고 있던 예술 분야에 대한 꿈을 자극했고, 마음이 이끄는 대로 일을 벌인 것뿐이었다. 직장인일 때 일에 쏟았던 열정과 시간의 몇 배를 여기에 쏟았다.

누군가는 돈이 아주 많아졌는데 왜 열심히 일하냐고 묻는다. 있는 돈을 그냥 쓰면서 살지, 뭐 하러 그런 고생을 사서 하냐는 것이다. 이는 열심히 일하는 이유가 오로지 돈밖에 없다고 생각하기 때문에 할 수 있는 발상이다. 우리도 한때는 그랬다. 돈이 일의 가장 중요한 요소라고 생각했다. 충분한 돈만 주어진다면 다른 것들은 무시해도 될 정도로 과반의 중요도를 갖고 있었다. 취업을 준비할 때도 연봉을 최우선 가치로 보고 지원했다. 이따금 돈 외에 다른 것을 위해 일하는 사람들이 보이긴 했지만 예전의 우리는 그런 사람들과는 거리가 멀었고, 또한 그들을 완벽히 이해하지 못했다.

본인이 일을 하며 얼마나 즐거운지, 얼마나 많이 성장할 수 있는지, 다른 사람들에게 얼마큼의 영향력을 행사할 수 있는지, 인간관계에 얼마나 도움이 되는지, 이 일이 얼마나 명예로운지 등 일을 하는 이유와 일을 선택하는 기준은 다양하다. 하지만 돈에 종속되어 있는 상태에서는 이런 것들이 잘 보이지 않는다. 막연하게 돈보다 더 중요한 것이 많다고 생각은 하지만 실제로 그것이 무엇인지는 명확하게 판단하며 살아가지는 않는다. 돈을 많이 벌어보는 경험은 이것에 대해 진지하게 고민해보는 기회가 되어주었다.

돈이라는 것이 정말 중요하긴 하다. 하지만 어떤 일을 함에 있어 돈이 반드시 우선순위가 되지는 않는다. 이건 우리뿐만 아니라 모두에게 적용되는 사실이다. 예컨대 여러분에게 A 대학과 B 대학에서 같은 날, 동 시간대의 강의 제안이 들어온다면 아무래도 돈을 더 많이 주는 대학에서 강의를 할 것이다. 하지만 A 대학이 여러분의 모교라면 돈을 덜 받더라도 A 대학을 선택할 수 있을 것이다. 돈의 액수보다

'모교에서 강의한다는 것' 자체에 더 큰 가치를 두기 때문이다. 그러면, 일을 함에 있어 돈보다 더 가치 있는 것은 무엇일까? 사실 '돈보다 가치 있는 것'에 대한 논의는 흔하다. 누구나 '생각'이라는 것을 한다. 하지만 돈이 없을 때 할 수 있는 생각과 돈이 있을 때 할 수 있는 생각의 차이는 지극히 크다.

처음으로 일을 함에 있어 돈보다 '개인의 성장'이 더 중요해졌다. 일을 처리해나가는 과정이나 이뤄나가는 과정에서 우리는 성장을 느꼈다. 더 빠르게, 더 효율적으로 일 처리를 한다는 것은 스스로를 고양시키기에 충분했다. 또한 스스로 정한 목표에 도달하고 성취해 나간다는 것에서 보람을 느끼기도 했다. 새로운 일에 도전할 때 우리는 언제나 설렜고, 잘 되지 않던 일들을 마침내 해내게 되었을 때 큰 만족감이 들었다.

돈이 있다고 해서 발전을 멈춰야 할까? 어제의 나보다 오늘의 내가 더 나아지지 않는다면, 그 삶은 정체된 삶이다. 처음 일정 수준의 돈을 굴리게 되었을 때, 시간 대비 소득이 하찮게 여겨졌던 순간이 있었다. 회사에서 나오는 월급이 너무 적게 느껴지고, 유튜브 등으로부터 얻는 수익들이 자잘하게 느껴졌다. 하지만 그것은 일을 '돈 버는 행위'로만 생각했을 때의 이야기다. 일을 하는 데서 스스로 배워나가고, 같은 일을 하더라도 다른 효율을 만들어내는 스스로의 모습이 좋았다. 돈을 생각하지 않고도 여전히 일을 좋아할 수 있게 된 것이다. 물론 투자로 돈을 버는 것도 즐겁지만, 일을 통해 돈을 버는 것은 다른 느낌의 성취감을 준다. 돈이 불어나는 것도 좋지만, 돈 버는 행위를 하는 것 자체가 더 좋은 것이다. 이것을 간과했을 때와 인지했을 때의 차이는 극명하다.

인간관계의 측면에서 돈은 어느 정도 매력적인 요소가 될 수 있다. 하지만 분명한 건, 돈이 많다는 것이 매력의 전부가 될 수는 없다. 매사에 열정적이고 최선을 다하는 중산층의 사람과 무기력하고 게으른 부자 중 누가 더 매력적으로 느껴지는가? 돈은 매력의 작은 요소일 뿐이다. 요즘 밈처럼 퍼지는 게임 가운데 '100억 유병재 vs 무일푼 차은우'라는 밸런스 게임이 있다. 만약 돈이 인간관계에서 가장 중요한 매력 포인트였다면 이런 밸런스 게임은 재미도 감흥도 없었을 것이다. 사람들은 단순히 돈만 많은 부자보다 다양한 매력과 가치 있는 에너지를 가진 사람에게 더 끌리기 마련이다. 돈이 많아졌기 때문에 일을 열정적으로 하지 않게 될 사람이라면, 오히려 돈이 없는 상태에서 열정을 유지하는 편이 매력의 측면에서는 낫다.

우리가 경험한 바로는 본인을 부자라고 어필하는 사람은 생각보다 그렇게 매력적이지 않았다. '부'라는 것은 어디까지나 상대적이고 부자의 스펙트럼은 너무나도 넓다. 자산가들을 많이 만나보면 스스로 부자라는 단어를 사용하는 게 얼마나 민망하고 낯부끄러운 일인지 알게 된다. 우리가 아무리 돈이 많아도 세상에는 우리보다 돈이 많은 사람이 반드시 존재한다. 여러분이 일론 머스크이거나 실제로는 돈이 없는 사기꾼이 아니라면, 돈 자랑은 섣불리 할 수 있는 것이 아니다. 그래서 우리를 포함해 젊은 부자 소리를 듣는 사람들 대부분은 본인이 부자라고 말하고 다니지 않고, 실제로 스스로가 부자라고 생각하지도 않는다. 그저 불편 없이 하고 싶은 일을 할 수 있는 사람일 뿐이다.

　사회적으로 '명예'나 '영향력'은 돈으로 얻을 수 없는 부분이 많다. 로또 복권에 연속으로 다섯 번 당첨되어 부자가 된다고 할지언정 그 누구도 그 사람을 명예로운 사람으로 보지 않을 것이며, 존경하지도 않을 것이다. 사람에 따라 차이가 있겠지만, 돈이 많아졌다고 해서 다른 사람에게 인정을 받고 싶은 욕구나 영향력에 대한 욕심이 사라지는 것이 아니다. 돈을 많이 가지게 된 그 순간에는 기쁠지 몰라도 얼마간의 시간이 지나면 익숙해지고 당연한 것이 되어버리기 때문이다. 계속해서 상위의 욕구와 가치를 추구하게 되는 까닭이다. 일을 한다는 것은 그 상위의 욕구와 가치를 채워줄 수 있는 수단이 된다.

2020년대 들어 개인 투자 붐이 일면서 우리나라에도 경제적 자유를 이루고 빠른 은퇴를 하겠다는 '파이어족'이 늘어났다. 적당히 먹고 살 수 있을 정도의 현금 흐름, 즉 경제적 자립(Financial Independence)을 만들어두고, 일찍 은퇴해서(Retire Early) 일하지 않고 여유롭게 사는 인생을 추구하는 것이다. 파이어족에 대한 시선에는 부러움과 동경, 시기와 질투 등 긍정적 인식과 부정적 인식이 공존하지만 그와 별개로 관심도 자체는 굉장히 뜨거웠다. 유튜브나 출판업계에서는 '파이어족'과 '경제적 자유'라는 키워드가 판매량과 조회 수 치트키일 정도였다. 가령 한정수 작가를 '파이어족'으로 소개한 인터뷰 기사는 네이버 메인 창과 카카오 뉴스 탭 전체 1위를 장식하기도 했다.

실제로 파이어족 소리를 들으며 살아온 사람으로서, 우리는 파이어족이라는 타이틀을 그리 달가워하지 않는다. 그저 예전에 지나쳐온 하나의 과정일 뿐인데, 마치 인생의 종착점처럼 이미지가 굳어져 있기 때문이다. 우리의 관점에서 퇴사는 '인생'이라는 긴 레이스에서 하나의 선택일 뿐이지, 은퇴의 선언이 아니다. 회사에 다니다가 그만두는 것은 어쩌면 인생이라는 길고 험준한 등산에서 어느 쪽을 향할지 '길목'을 선택하는 것과 비슷하다. 우리는 조금 더 재미있어 보이는 코스를 선택했을 뿐인데 세상의 시선은 '산' 오르기를 그만두고 내려가는 것을 선택했다고 생각하는 것이다. 우리는 그 지점이 의아했다.

'돈을 위해 일하는 삶'에서 은퇴했을 뿐, 일은 멈추지 않았다. 통용되는 파이어족의 의미와는 완전히 다르다는 것이다.

우리는 파이어(FIRE, Financial Independence, Retire Early)를 해본 사람들이지만, 파이어가 말하는 '일에서 벗어나는 삶'에 반대한다. 돈이 인생의 수많은 의사결정에 영향을 끼치는 돈의 '종속자'에서 벗어나 돈보다 중요한 것들을 이해하고 돈에 지배받지 않는 '해방자'로 살고자 한다. 'FIRE' 이후의 'FIRED'(Financial Independence: Release Economic Dominion), 즉 돈의 구속에서 해방되는 삶을 추구한다.

어떻게 돈을 벌고 무엇을 하든 각자의 선택을 존중하지만, 젊은 나이에 일을 멈추는 것은 후회할 만한 일이라고 생각한다. 젊은 날의 도전은 돈으로 살 수 없는 귀하고 소중한 경험이기 때문이다. 세상의 그어떤 부자도 젊음을 부러워하지 않는 부자는 없다. 아무리 많은 돈을 가지고 있어도, 그 돈으로 젊은 시절의 패기와 열정, 건강과 에너지를 되찾을 수는 없기 때문이다. 젊음은 쓰지 않으면 없어지는, 말하자면 유통기한이 정해진 자원이다. 어차피 제대로 안 쓰면 사라질 거, 낭비하지 말고 최대한 활용하는 게 최선일 것이다. 어떻게 하면 젊음을 낭비하지 않을 수 있는지 묻는다면, '나이 들어서 하기 어려운 모든 것'이 답이 될 수 있다. 배우고, 경험하고, 도전하고, 사랑하고, 성장하는 것이다. 모두 '일'을 통해 얻을 수 있는 것들이다.

우리가 만난
'부자들'

"내 주변 사람 5명의 평균이 나다."

"You are the average of the five people you spend the most time with."

– 짐 론 Jim Rohn

젊은 나이에 부나 성공을 이루는 건 많은 사람이 부러워하고 동경할 만한 일이지만, 옛사람들은 오히려 청년출세(靑年出世, 젊은 나이에 출세하는 것)를 중년상배(中年喪配, 중년에 배우자를 잃는 것), 노년빈곤(老年貧困, 노년에 가난한 것)과 더불어 인생의 3대 불행 중 하나로 여겼다. 남들보다 빠른 성공은 종종 질투와 자만심을 유발하고, 이는 다시 외로움과 나태함을 부르기 때문이다.

아무리 좋은 변화이더라도 급격한 변화에는 그만큼의 부작용이 따른다. 나이에 비해 돈을 비교적 많이, 그것도 갑자기 벌게 되니 이전의 인간관계에서는 겪기 어려웠던 일이 많이 생겼다. 투자로 돈을 잃거나 사기를 당한 뒤 돈을 빌려달라고 하는 사람도 있었고, 일면식도 없는 사람이 인스타그램 메시지를 통해 구구절절 사연을 늘어놓으며 돈을 달라고 요청한 적도 있었다. 지금은 이런 일이 생겨도 익숙하게 바로 거절하지만, 처음엔 거절하면 나쁜 사람이 되는 것 같아 잠시 갈등하기도 했다.

잘 되다 보면 망하길 바라는 사람들도 생긴다. 보통의 인간관계라면 이런 말을 눈앞에서 직접 들을 일이 없겠지만, 우리는 유튜브를 한 덕분에 영상에 달리는 댓글을 보며 사람들의 생각을 조금은 엿볼 수 있었다. 시간을 들여 댓글까지 쓰는 건 보통 영상에 대한 감사 인사를 전하거나 생산적인 고민을 나누기 위해서다. 그런데 가끔은 정말 아무 이유 없이 망하길 바라는 사람의 댓글도 툭툭 눈에 들어온다. 나락을 원하는 심리다. 나무에서 떨어지는 원숭이를 보면 웃음이 나듯이, 올라간 사람의 추락을 보는 것은 사람들에게 일견 위안과 즐거움을 준다. 우리는 우스갯소리로 유튜브 채널 구독자 중 10%는 망하는 걸

보고 싶어서 구독한 사람이라고 말하기도 했다.

다행히 현실 세계에서는 모두의 축하와 격려를 받지만, 미묘하게 관계가 이전 같지 않게 되는 경우도 생긴다. 1년~2년밖에 안 되는 짧은 시간 동안 상황과 생각이 워낙 달라지다 보니, 친구들과의 공감대도 조금 약해진다. 흥미를 갖는 주제와 공감대가 서로 달라지니 할 수 있는 말도 자연스레 줄어든다. 학창시절에는 모두 학교라는 고정된 틀 안에 모여 있다 보니 성장 속도가 상수로 고정되기도 한다. 그러나 사회생활을 시작하면 성장에 목마른 사람과 성장에 관심 없는 사람의 성장 곡선이 차이 나기 시작한다. 상수였던 성장 속도가 변수로 바뀌면서 서로 거쳐 가는 삶의 단계가 달라지고, 이에 따라 친구 관계도 약해지는 일이 왕왕 생기는 것이다.

그러다 보니 우리와 비슷하게, 성장에 관심이 많고 비슷한 성취를 이루고 있는 사람들을 찾고 싶다는 생각이 싹트게 되었다. 투자나 사업 얘기부터 일상적인 얘기까지, 우리와 비슷한 길을 걸어온 사람들이 모이면 훨씬 재미있고 편하게 대화를 나눌 수 있을 것 같았다. 서로의 성취를 보며 상호 자극을 받는 시너지도 날 터였다. 우리나라 IT 혁명의 중심에는 이른바 '황금학번'이라고 불리는 공대 85·86학번이 있다. 한게임/카카오의 김범수(86), 네이버의 이해진(86), 다음/쏘

카의 이재웅(86), 엔씨소프트의 김택진(85), 넥슨의 김정주(86) 등이 거기에 속한다. 인터넷의 발달이라는 거대한 시대의 흐름 속 비슷한 나이와 비슷한 공대 출신의 성공한 사업가들이 많이 탄생할 수 있었던 이유는 혼자가 아니라 함께 성장했기 때문이라고 생각한다.

이해진 의장과 이재웅 대표는 학창시절부터 절친한 동네 이웃이고, 김범수 의장과 이해진 의장은 삼성SDS 입사 동기다. 다섯 사람 모두 같은 시기에 대학생활을 하며 서로 보고 배우며 자극을 주고받는 관계가 되었다. 이를테면 누군가 새로운 시도를 해 의미 있는 성공을 거두면 그것에 자극을 받아 또 새로운 시도를 하고, 이 정도면 제법 성공하지 않았나 싶을 때 옆의 친구가 더 큰 성공을 거두면 안주하지 않고 또다시 경쟁적으로, 하지만 생산적으로 앞으로 나아가는 식이다.

2018년 9월, 우리의 첫 만남은 서로의 인생에 '전환점'이 되었기 때문에 '함께 성장하는 가치'를 매우 잘 이해하고 있었으며, 과거 황금학번 세대의 성장과 발전에 대해서도 충분히 공감하고 이해할 수 있었다. 우리가 비록 학번으로 묶인 사이는 아니어도, 목표와 발전을 공유하는 새로운 '성장형 커뮤니티'를 만들자는 아이디어도 이 지점으로부터 나오게 되었다. 마침 둘 다 유튜브 채널을 운영하고 있었고, 방송을 보고 있는 구독자 혹은 그 주변에서는 분명히 우리처럼 삶이

바뀐 사람들이 있을 거라 생각했다. '인터넷 발달'만큼의 커다란 파도
는 아니어도, 코로나 이후 유동성 장세를 기회로 잡아 인생을 바꾼 젊
은 사람들이 우리뿐일 리 없기 때문이었다.

바로 컴퓨터를 켜 새로운 커뮤니티에 대한 구조를 짜고 대본을 만
들었다. 30억 원을 모은 청년 한 명이 할 수 있는 일은 별로 없지만,
이런 사람 300명이 모여 1조 원을 모은다면 더 대단한 일을 도모할
수 있을 거라는 논리의 영상을 만들어 업로드했다. 효과는 생각보다
뜨거웠다. 몇 달에 걸쳐 40명에 가까운 사람들이 영상을 보고 지원 메
일을 보내주었다. 그리고 개별 인터뷰를 통해 자산형성 과정에 대해
들었다. 정말 '비범하다'라는 말이 절로 나오는 사람들이 많았다. 우
리나라에 젊고 돈 많은 사람이 이렇게 많은지 몰랐기에 더욱 그랬다.

초기에 '유동화 가능한 20억 원 이상을 순자산으로 보유한 자'를
입회 신청 기준으로 삼았지만, 이내 30억 원으로 올렸다. 이 30억 원
이라는 자산 기준은 일단 입회가 승인된 사람에겐 다시 들이밀지 않
았다. 초년의 성공 경험을 공유할 수 있다는 것과 만약 자산을 조금
잃더라도 다시 올라올 수 있는 자질이 더 중요하다고 생각했기 때문
이었다. 말하자면 자산을 잃은 사람에게 탈퇴를 권유하는 모임이 아
닌, 함께 다시 올라가자고 이야기할 수 있는 모임으로 만들고 싶었던

것이다. 30억 원을 잃지 않고 은행에 넣어두고 안전하게 이자만 받으라는 의미로 정한 기준은 더더욱 아니었다. 그만큼의 성취 경험이 있는지, 30억 원을 본인에게 재투자할 배짱이 있는지, 30억 원을 다 잃어도 다시 돈을 벌 수 있는 사람인지, 우리에게는 그런 것들이 훨씬 중요했다.

이렇게 서류 검증과 입회 인터뷰를 거친 10명 남짓한 인원을 모아 2022년 초 소박한 첫 모임을 가졌다. 이후 젊은 투자자들과 사업가들이 하나둘씩 꾸준히 모이기 시작했고, 모임은 결성 4년 차인 2025년 현재 회원 수 41명, 평균 나이 36세, 총 자산가치 3,800억 원 이상 규모의 커뮤니티로 발전했다. 우리 같은 직장인 출신 투자자들도 많지만, 국내 메이저 사모펀드 운용역, 글로벌 IB M&A 뱅커 등 자본시장 출신, 본인이 창업한 스타트업을 매각한 사업가, 前 코스닥 상장사 CEO, 前 E-스포츠 구단주, 50만 유튜버, 글로벌 가상자산 거래소 파트너 등 회원들의 이력도 다양하다. 자산은 수십억에서 수백억대까지이며, 원래 부유한 집안에서 태어난 '올드 머니'보다는 자수성가를 이룬 '뉴 머니'에 가까운 사람들이 대부분이다.

우리는 이렇게 모인 비범한 사람들과 한두 달에 한 번씩 네트워킹 세미나, 워크숍 등 다양한 모임을 개최한다. 감사하게도 하나증권

금융사 라운지에서 진행된 세미나 스케치 >>>

'Club1', 삼성증권 'SNI 센터', 신한은행 '패밀리오피스' 등 고액 자산가 전용 서비스를 운영하는 금융사들이 우리 모임의 정기 세미나를 후원해주고 있다. 세미나에서는 향후 시장 방향에 대한 강연과 비상장 투자 딜에 대한 IR(기업설명 활동, Investor Relations)을 듣고 회원들이 각자 초대한 게스트들과 네트워킹을 진행한다. 회원들의 초대를 받고 참석한 게스트 중 모임의 자격요건을 충족하는 분들은 가입 신청을 통해 정식 회원이 되기도 한다. 실제로 우리의 유튜브 외에 가장 많은 신규회원이 유입된 통로는 기존 회원의 '추천'과 '초대'다. 모임을 운영하는 3년 동안 벌써 13번의 네트워킹 세미나, 3번의 네트워킹 파티, 4번의 워크숍을 진행했다. 우리는 앞으로 모임의 크기를 무분별하게 확장하기보다는 프라이빗하게 유지하며 '허수가 없는 모임'을 추구할 예정이다.

우리는 이 모임을 통해 크게 거창한 일을 벌이지는 않는다. 모임 전체가 하나의 목표를 갖고 움직이기보다는, 다양하게 생겨나는 소모임과 친목을 권장한다. 그래서 회원들도 이해관계자보다는 친구들을 만나는 기분으로 모임에 참석한다. 빠르게 성장함에 따라 빠르게 바뀌는 본인의 고민을 격의 없이 털어놓을 수 있는 친구를 찾기란 상당히 어려운 일이다. 나보다 빠르게 성장하고 배울 점이 많은 비범한 친구를 만난다는 것도 축복이다. 우리는 이 모임을 통해 인위적으로 가치를 창출하려 하진 않지만, 주변에서 한 명도 찾아보기 어려운 비범한 이들을 수십 명 모으고 나니 그 자체로 높은 가치가 생긴 것이다. 항상 기대 이상의 인사이트를 얻게 되는 이 모임은 현재 우리의 가장 든든한 자산 중 하나가 되었다.

MBTI를 좋아하는 사람들을 위한 여담으로, 모임 회원들 가운데 MBTI 테스트를 해본 사람들을 모아보니 목표 달성을 즐기는 ENTJ(통솔자형)가 압도적으로 많다는 것을 알 수 있었다. 전체 인구의 3%에 불과하지만 모임 내에서는 거의 30%를 차지한다는 사실도 흥미롭다. ENTJ 성향의 유명 인사로는 빌 게이츠와 스티브 잡스, 백종원

모임의 MBTI 통계 〉〉〉

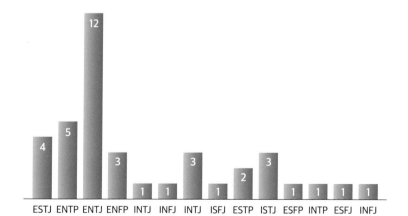

등이 있다. ENTJ 다음으로 많은 MBTI는 규칙 파괴자인 ENTP(변론가형)이고, 책임감 있는 지도자인 ESTJ(경영자형)가 그 뒤를 이었다. 신기하게도 이 세 MBTI가 보이는 특징들은 이후 책에서 설명할 내용과 맞닿는 지점이 많다. MBTI의 특정 성향이 부자가 되는 것에 영향을 끼치는지는 아직 명확하게 확인된 바가 없지만, 우리가 만든 모임에 한해서는 확실히 영향이 있는 것처럼 보인다. MBTI 테스트를 해보지 않은 분들은 재미를 위해 한 번쯤 시도해보길 바란다. 참고로 강기태 작가는 ENTP, 한정수 작가는 ENTJ다.

더 불어난
성장의 러닝메이트

우리가 만난 수많은 젊은 부자들은 우리를 완전히 바꿔놓았다. 그들은 먼저 돈과 일, 시간의 자유 등 다양한 가치에 대해 깊게 고민해보는 계기를 만들어줬다. 살아가는 데 있어 돈이 주는 가치와 돈보다 더 중요한 가치, 인생의 우선순위가 되어야 할 것들에 대해서도 많은 대화를 나눌 수 있었다. 그 과정에서 배우고 느낀 것들이 바로 이 책에 써 내려간 모든 내용의 밑거름이다.

하지만 책을 쓰게 된 직접적인 이유는 다른 곳에 있다. 지금도 우리와 성장의 길을 달려가는 사람들, 그리고 앞으로 우리와 함께 달려

갈 사람들을 위해 우리는 이 책을 썼다. 그동안 젊은 부자들을 숱하게 만나보았지만, 이들과 어울리게 된 이유는 단순히 그들이 부자라서가 아니라 '누구보다 빠른 성장 속도를 가진 사람들'이기 때문이었다. 아직 인생을 뒤바꿀 만한 성과를 내지는 못했지만, 그들 못지않게 큰 야망을 가지고 빠르게 성장하는 사람들이 많다. 예전의 우리처럼, 직장을 다니면서도 투자와 사업을 통해 더 빠르게 성장하고자 하는 사람들이다.

강연 중인 한정수 작가 》》》

독서 모임 '세빛' 구성원들과 강기태 작가 >>>

우리는 우리 주변에 이런 사람들이 모일 수밖에 없는 환경을 구축하고 '세빛'이라는 투자 관련 독서 모임과 '재텍남녀'라는 투자 스터디 모임을 만들어 운영했다. 대한민국 재테크 박람회나 금융·부동산 포럼 등 강연 초청에도 응하고, 〈조선일보 머니TV〉의 경제 프로그램 '재테크의 참견' 고정패널로 활동하며 사람들을 인터뷰하기도 했다. 이어 연세대학교 경영대학 상남경영원에서 투자 관련 비학위과정인 〈연세 가치투자 최고위과정〉을 개설해 운영했다. 소모임, 언론, 강연, 학교 등 다양한 환경에서 많은 사람들과 투자와 성장, 돈과 행복에 대해 논의했다.

우리 주변에서 함께 뛰는 사람들이 많아지고, 함께 하는 대화가 깊어질수록 이 책을 써야겠다는 생각도 커졌다. 무엇보다 우리만 알고 있기 아까운 내용이 너무 많았고, 이 과정 속에서 오가는 인사이트와 고민을 더 많은 사람들에게 공유하고 싶었다. 그렇게 되면 저마다의 목표를 쥐고 달려가는 그들의 삶이 좀 더 편안하고 행복해질 수 있을 거라 생각했다. 특히 짧은 대화나 유튜브 영상에 다 담아내기에는 내용이 많았다.

행복하고 충만한 삶을 꾸려가기 위해 '성장의 러닝메이트'는 꼭 필요하다. 함께 뛰는 '러닝(Running)' 메이트이기도 하고, 함께 배워가는

'러닝(Learning)' 메이트이기도 하기 때문이다. 우리가 함께 달리며 더 빠르게 성장해온 것처럼, 주변에 러닝메이트가 많으면 많을수록 그 시너지는 커진다. 앞에서 말한 모임을 통해 '젊은 나이에 성공한' 사람들을 모아보니, 서로 정반합을 거치며 끊임없이 성장 자극을 줄 수 있는 파트너를 두는 게 성공에 훨씬 유리하다는 걸 확인했다. 혼자 성공한 사람보다는 우리와 비슷하게 2명, 3명씩 뭉쳐 성장해온 사람들이 많았던 것이다. 조언을 구할 멘토가 있는 경우도 있었고, 비슷한 환경에서 비슷한 생각을 가진 사람끼리 뭉친 경우도 있었다. 심지어 형제끼리 뭉쳐 큰 자산을 이루고 나란히 모임에 가입한 사람도 있다.

러닝메이트는 누구여도 좋다. 연인에게서 그 역할을 기대하는 사람도 있지만, 친구여도 되고, 가족이어도 되고, 선생이나 제자여도 된다. 평생을 함께 뛸 사람이면 좋겠지만 그런 사람이 없다고 해서 혼자 뛸 필요는 없다. 지금의 여정을 잠깐이나마 함께할 수 있는 정도여도 된다. 그래도 주변에 마땅한 러닝메이트를 찾지 못한 사람들에게, 인생이라는 마라톤의 남은 구간을 같이 뛸 사람을 찾는 이들에게 이 책이 그 역할을 대신해주길 바란다. 이제 100명이 넘는 젊은 부자와 사업가들, 이들처럼 되고자 하는 수백 명의 사람을 만나며 얻은 간접 경험, 그리고 우리 스스로가 겪은 고민의 정수를 하나씩 풀어보고자 한다.

Chapter 2

부는
당신에게
모든 것을
허락한다

FINANCIAL INDEPENDENCE: RELEASE ECONOMIC DOMINION

돈이 중요하지 않다는 착각

부끄럽지만 우리는 이 책을 집필하기 직전까지도, '돈이 중요하지 않다'라는 헛소리를 서로 아무렇지도 않게 했다. 하지만 글을 써 내려가며 돈이 없던 시절을 복기해보니, 돈은 인생에서 엄청나게 중요하다는 걸 깨달았다. '익숙함'에 길든다는 것은 정말 무서운 일이다. 돈의 구속에서 해방되라고 말하는 책에서 돈의 중요성을 강조한다는 게 아이러니하게 느껴질 수도 있지만, '돈이 중요하지 않다는 착각'에서 벗어나는 게 돈의 구속에서 벗어나는 것의 시작임을 말하고 싶다.

돈이 삶의 질에 주는 변화는 실로 엄청나다. 우리가 인생에서 즐기는 '거의 모든 것'에 돈과의 타협이 들어가기 때문이다. 돈이 많아짐으로써 우리의 즐거움이나 건강을 돈과 타협할 필요가 줄어든다. 예컨대 음식에는 맛과 가격, 건강을 한 번에 다 잡을 수 없다는 '트릴레마(Trilemma)'가 존재하는데, 맛있고 저렴한 음식은 건강에 안 좋은 경우가 많다. 나트륨, 포화지방, 첨가물이 많은 패스트푸드와 인스턴트 음식이 그렇다. 또한 건강하고 저렴한 음식은 왠지 맛이 부족하다. 조미료나 향신료를 더하지 않은 생야채나 무가당 곡물 등이 그렇다. 맛있고 건강하기까지 한 음식은 비싸다. 신선한 유기농 재료로 만든 레스토랑의 요리가 그렇다. 우리는 음식을 먹을 때마다 맛, 가격, 건강 중 하나를 포기하는 선택을 해야만 한다. 돈이 없을 때는 어쩔 수 없이 '맛있고 건강에 안 좋은 음식', 또는 '맛없고 건강한 음식'을 선택해야 했다. 하지만 돈이 많이 생기면 그럴 필요가 없다. '맛있고 건강하기까지 한 음식'을 매 끼니 즐길 수 있다.

또 돈은 인생의 전체적인 뷰(View)를 좌우한다. 이는 봉준호 감독의 영화 《기생충》에서 극명하게 드러난다. 송강호(기택 역)의 가족은 칙칙하고 어두컴컴한 반지하 뷰를 보며 살지만, 이선균(동익 역)의 가족은 아름다운 정원이 있는 단독주택의 뷰를 보며 산다. 자산이 많아질수록 주변 공간에 예술품이 많아진다. 집을 떠나더라도 매일 회사와 지하철 속 삭막한 풍경을 보는 사람과, 매일 좋은 공간에서 근사한 음악을 들으며 시간을 보내는 사람의 삶의 질이 같을 수는 없다. 저렴한 식당에서 20분 만에 식사를 때우는 것과 파인 다이닝 레스토랑에서 2시간짜리 식사를 여유롭게 즐기는 건 차원이 다른 경험이다. 돈이 있으면 몸과 정신을 건강하게 유지하는 데 꼭 필요한 '긍정적인 에너지'를 삶에 쉽게 채울 수 있는 것이다.

그래서 돈은 많으면 많을수록 좋고, 또 한 살이라도 젊을 때 가질수록 좋다. 돈은 인생을 가장 걱정 없이 누릴 수 있는 '젊은 시기'에 '풍부함'을 더해주기 때문이다. 특히 돈을 벌고 난 이후에 생기는 변화들을 '빨리 겪을 수 있다는 것'은 큰 이점이다. 돈이 많으면 어떤 분야든 항상 최고의 수준을 경험할 수 있고, 큰 어려움 없이 최고의 선생에게 배울 수 있다. '돈, 돈, 돈' 하는 것을 부정적으로 보는 사람들이 있지만, 나이가 어릴수록 '돈, 돈, 돈' 하는 것에 대해 긍적으로 생각한다. 젊은 나이엔 돈에 인생을 걸어 볼 만하다. 그렇게, 돈에 한 번쯤 미쳐봐도 좋다.

돈의 구속에서 해방된답시고 모든 세속적 욕심을 버리고 수행에 들어가야 하는 것은 아니다. 당신이 아무리 정신력이 강한 성인군자라고 해도, 밥을 먹고 잠을 자며 생존해야 하는 인간인 이상 돈의 영향에서 완전히 벗어나는 건 불가능하다. 일단 최소한의 돈이 있어야 돈에 대해서 생각할 겨를도 생긴다. 당신이 당장 오늘 끼니와 잘 곳을 걱정할 정도로 돈이 없다면 돈은 어떻게든 당신의 머릿속을 쥐고 뒤흔들 것이다.

　돈에서 해방되는 첫 번째 걸음은 돈을 '무시하고 거부'하는 것이 아니라, 오히려 돈의 중요성을 인식하고 인정하는 것에서 비롯된다. 또한 돈의 중요성을 인식한다는 것은 무조건 돈을 모으고 저축하는 것만을 의미하는 것도 아니다. 돈의 속성을 이해하고, 돈이 어떤 시스템으로 만들어지는가에 대한 최소한의 이해를 필요로 한다. 돈을 애써 무시하고 살아온 사람보다, 돈에 인생을 걸고 투자나 사업으로 돈을 많이 벌어본 사람들이 오히려 돈 앞에서 더 침착하고 초연할 수 있다. 우리가 사업을 하고 투자를 하는 이유도 단순히 돈을 벌기 위함이 아니다. 스스로 돈에 갇히지 않고, 돈으로부터 자유로워지는 삶을 살기 위함이다.

　큰돈보다 당신을 가장 크게 바꾸는 것은 큰돈을 벌어본 '경험'이다. 돈이 움직이는 방식을 이해하고, 돈을 벌어본 경험을 충분히 쌓으면 '돈은 언제든지 벌 수 있다'라는 자신감이 생긴다. 돈을 언제든지 벌 수 있다는 생각이 들어야 결국 돈의 구속에서 해방될 수 있다. 그런 경험을 얻으려면 결국 돈에 몰입해보는 과정이 필요하다. 돈을 위해서라고만 생각하지 말고, 경험을 위해서라도 돈에 한번 몰입해보길 바란다. 원래부터 돈이 많았던 사람은 돈이 많아지는 데서 오는 변화를 크게 느끼지 못할 수 있다. 돈이 주는 삶의 질의 변화, 주변 사람의 변화, 의사결정의 변화, 스스로의 변화 하나하나가 돈의 구속에서 벗어날 수 있는 개개인의 양분이 된다.

돈,
지배할 것인가 지배당할 것인가

"돈은 끔찍한 주인이지만, 훌륭한 하인이다."

"Money is a terrible master but an excellent servant."

– 피니어스 테일러 바넘P.T. Barnum

　많은 분들이 공감하겠지만, 대학 생활을 할 때는 늘 돈이 없다. 강기태 작가 역시 생활비나 월세에 치여 고민하던 시절이 있었다. 대학 시절 생활비를 아끼기 위해 웬만하면 '학생식당' 메뉴를 주식으로 먹었다. 학생식당은 한 끼를 5천 원 이내로 해결할 수 있었는데, 학교 밖에서는 그보다 많은 돈이 들었기 때문이다. 20대 초반에 허락된 예산

안에서, 학식 외에 다른 것을 먹는다는 것은 틀림없이 부담스러웠다. 누군가와 함께 식사하게 될 때는 대부분 밥을 먹고 카페를 갔는데, 그마저 부담스러웠다. 식사 비용도 만만치 않은데, 커피까지 먹어야 했으니 말이다. 그래서 같은 강의를 듣는 학우들과 밥 먹는 것이 부담스러워, 같은 강의를 듣지 않는 친구들과 주로 교류했다. 그리고 그것이 대학 생활의 예산을 지키는 최선이라고 생각했다.

그랬던 우리가 이제 일상에서 먹는 음식의 가격표를 보지 않는다. 이것이 반드시 좋은 일은 아니지만, 대수롭지 않게 의사결정을 할 수 있게 되었다는 것에서 일단 만족한다. 원할 때 스시 코스와 소고기를 사 먹을 수 있고, 택시도 망설이지 않고 탄다. 일상생활에서 들어가는 비용에 대해 거리낌 없이 살 수 있다는 것은 생각 이상으로 짜릿하고 즐거운 일이다. 일상에서 '소비의 자유'를 느껴본 사람들은 분명 공감할 것이다. 오늘 하루 얼마를 쓰더라도, 들어오는 돈이 훨씬 많다는 사실이 마음의 안정감과 자유로움을 주는 것이 사실이다. 일상에서 고민하지 않고 택시를 탄다든가, 가격표를 보지 않는다든가, 지인이나 가족에게 때에 따라 마음껏 선물한다든가 하는 자유로운 '일상적 소비'가 주는 편의는 매우 크다.

'돈이 나를 지배하는 삶', 즉 '돈이 의사결정의 기준이 되는 삶'은 많은 사람들에게 피할 수 없는 현실로 다가온다. 돈이 부족할 때마다 의사결정의 제약에 직면하기 때문이다. 단순히 오늘 저녁 메뉴 선택에 대한 문제를 넘어, 진로를 선택하고 자녀를 가질지 말지를 고민하는 것까지 모두 돈에 얽매인다. 돈에 지배당할 때, 삶은 타협의 연속이다. 원하는 집, 원하는 결혼, 원하는 생활은 물론 돈을 버느라 시간의 자유도 가질 수 없다.

본인의 순자산이 100만 원 이하, 또는 빚이 있는 마이너스(-) 상태라면 '돈이 나를 지배하는 삶'이라는 말에 공감할 것이다. 순자산이 마이너스인 사람들에게 돈은 단순한 '선택의 기준'을 넘어 매 순간 '생존과 직결되는 문제'가 된다. 이들은 월급이 들어와도 곧바로 대출 상환, 카드빚, 생활비로 사라지기 때문에 돈이 통장에 머물러 있지 않는다. 모든 결정이 빚을 갚는 것을 중심으로 이루어지며, 미래를 계획하거나 꿈꿀 겨를도 없이 당장의 부채를 줄이기 위해 필사적으로 노력해야 하는 상황인 것이다.

순자산이 마이너스인 삶은 심리적으로도 큰 압박을 느낀다. 빚을 갚기 위해 끊임없이 일했는데도 빚이 줄어들지 않으면 '평생 이렇게 살아야 하는 걸까' 하는 절망감에 빠지게 된다. 재정적 문제는 심리적 부담을 가중하고 경제적, 정신적 여유를 찾기 어렵게 만든다. 돈이 모든 결정을 지배하는 삶을 살게 되는 것이다.

자산이 1,000만 원대인 삶은 아직 남의 시간을 사기에는 부족한, 즉 자신의 시간을 지배하지 못하는 단계다. 빚의 굴레에선 벗어났지만 여전히 경제적으로 불안정한 상태라고 볼 수 있다. 당근마켓 무료 나눔을 찾아다니며 시간을 쏟는 게 유익하게 느껴지고, 축의금으로 내는 10만 원도 자산의 1%를 내는 부담감으로 다가온다. 빚을 청산할 돈은 있지만, 여전히 빚을 짊어지고 살아가는 경우도 많다. 보통 유일한 소득원이 월급이기 때문에 생활비와 고정 지출을 빼고 나면 남는 돈이 그리 많지 않다. 급전이 필요할 때 자산이 급격히 소모될 수 있어, 친구나 가족에게 손을 벌려야 하는 상황이 발생할 수도 있다.

이렇듯 1,000만 원대의 자산으로는 선택의 폭이 많이 제한된다. 기본적인 소비도 사치로 여겨지며 자동차를 사거나 휴가를 떠나는 것은 매우 큰 고민거리가 된다. 새 옷을 살 때도 가격표를 보고 고심해야 하는 경우가 많다. 경제적으로 여유가 없기 때문에 많은 결정이 단기적이고, 더 나은 미래를 꿈꾸기보다는 '현재의 생존을 위한 선택'이 된다. 직업 선택에 있어서도 '내가 원하는 일'보다는 '어느 직장에서 돈을 더 많이 벌 수 있는지'가 더 중요하다. 결혼이나 자녀 계획 같은 장기적인 결정은 연기되기 일쑤다. 돈의 압박이 여전히 삶의 전반을 지배하기 때문에 삶의 질과 심리적 안정감이 떨어질 수밖에 없다.

　자산이 1억 원대로 올라가면 약간의 경제적 여유가 생기기 시작한다. '억'이라는 단위를 처음 찍었을 때의 뿌듯함과 급전이 필요한 상황에서 어느 정도 대처할 수 있다는 안도감이 공존한다. 아직 많은 선택이 돈에 좌우되긴 하지만, 적어도 작은 소비와 관련된 결정에서는 이전보다는 많은 자유로움을 느낄 수 있다. 결혼 준비, 자동차 구매, 자녀 계획 등 인생의 큼직한 과제들에 대한 생각이 구체적으로 들기 시작한다. 1억 원대 자산은 주로 자산 축적의 첫걸음이다. 투자한 1억 원이 5%만 올라도 월급만큼의 돈이 들어온다. 더불어 투자의 효율이 나오기 시작하면서 돈 모으는 것에 슬슬 재미를 느끼게 된다. '투자는 1억부터', '1억까지만 모으면 그다음부터는 쉽다'는 각종 유튜브 영상과 경제경영 서적을 들춰보며 장밋빛 꿈을 그리는 시기다.

　자산이 10억 원대가 되면 경제적 안정감이 크게 느껴진다. 금융자산이나 부동산에 잘 투자하면 큰 위험 없이 연봉 이상의 고정소득을 얻을 수 있는 단계이며, 일상적 소비가 자산에 끼치는 영향이 점점 줄어든다. 자산이 10억 원인 사람이 40만 원을 쓰는 것은 자산이 1억 원인 사람이 4만 원을 쓰는 것과 비슷하고 자산이 1,000만 원인 사람이 4,000원을 쓰는 것과 비슷하다. 자산이 10억 원으로 늘어나면 1,000

만 원이 있을 때 4,000원을 쓰던 것처럼 40만 원을 사용할 수 있게 되는 것이다.

일상적으로 밥을 먹고 데이트를 하더라도 40만 원을 한 번에 결제하는 경우가 빈번하지는 않다 보니, 10억 원은 일상에서 소비하는 대부분의 것들이 크게 느껴지지 않는 '변곡점'이 된다. 또한 이 순간부터는 어느 정도의 '해방감'을 느끼게 된다. 그런데 만약 30억 원 이상이 있다면 어떨까? 10만 원 이하의 소비 구간에서는 가격표를 잘 보지 않고 결제하게 된다. 그 액수가 예전에 비해 '거의 공짜'처럼 느껴지기 때문이다. 밥을 먹든 술을 먹든 데이트를 하든 골프를 치든, 모든 것을 커피 한 잔 사는 느낌으로 지불할 수 있게 되는 것이다. 이러한 삶은 환상적이다. 이 단계가 되면 흔히 말하는 '졸업'이라는 이야기를 하는 것 같다.

자산이 10억 원에서 50억 원, 100억 원으로 치고 올라오면 삶에 대한 대부분의 걱정도 '뭘 해서 먹고살지?'에서 '뭘 해야 하지?'로 옮겨간다. 직업 선택부터 소비까지 더 이상 돈이 지배하지 않는 삶이 시작되며, '돈을 벌기 위한 일'보다는 '하고 싶은 일'에 더 집중할 수 있다. 결혼 및 자녀 계획도 부담 없이 할 수 있고, 자녀에게 남들보다 괜찮은 교육 환경을 제공할 만한 여유가 생긴다. 인생의 모든 의사결정 기준에서 돈의 비중이 확연히 줄어들며, '돈에 지배당하는 삶'에서 '돈을 지배하는 삶'으로 넘어가기 시작한다. 비로소 '선택의 자유'가 생기는 것이다.

이때부터는 시간의 자유를 본격적으로 느끼게 된다. 돈이 많다는 것보다 내 시간을 마음대로 사용할 수 있다는 점에서 더 큰 기쁨과 만족감을 얻는다. 내 시간에 대한 온전한 선택권이 주어져 그동안 별로 능동적으로 살아오지 않은 사람에게는 뭘 하며 살아야 할지 고민이 생기기 시작하는 시기이다. 자산이 100억 원대에 이르면 말 그대로 돈에 대한 제약이 거의 없어진다. 사치품 소비가 아니고서야 의사결정에 돈이 제한을 걸지 못한다. 돈을 벌기 위해 자신의 시간을 급여와 등가교환할 필요가 없어지고, 오히려 급여를 지불하며 남들의 능력과 시간을 사는 것이 가능해진다. 돈이 알아서 불어나기 시작하고, 돈이 늘어나는 속도가 돈을 쓰는 속도보다 빠르기 때문에 돈이 '목표'보다는 '수단'으로 보이기 시작한다. 이제 경제적 목표는 단순히 '편안한 삶'이나 '시간의 자유'를 넘어 꿈의 실현과 사업 확장, 사회적 영향력 발휘 등으로 자연스레 이동하게 된다.

돈은 우리 삶의 많은 결정을 좌우하지만, 자산의 규모에 따라 그 결정의 방식과 중요성이 크게 달라진다. 돈은 가난할수록 '목적'에 가까워지고, 많아질수록 '도구'에 가까워진다.

돈은 시간의 자유를
허락한다

회사원 시절, 9시가 출근 시간이면 8시까지 회사에 도착해야만 했다. 그럼 7시 30분 열차를 타기 위해 적어도 7시에는 일어나야 했고, 헐레벌떡 점심을 먹고 분주하게 일한 후 오후 7시 정도가 되어서 퇴근했다. 그렇게 집에 오면 8시쯤 되었다. 07:00부터 20:00까지, 하루 13시간을 직장인으로서 쓴 것이다. 그러다 보니 주말이 더욱 기다려졌다. 토요일까지 출근하면 삶이 너무 일로만 채워질 것 같아 그날만큼은 일요일 출근을 위해 에너지를 비축했다. 누군가로부터 일요일 출근을 강요받지는 않았지만, 일주일간 밀린 일 처리를 위해서는 별 수 없었다.

경제적 자유에 관심이 많은 사람들과의 대화에서, '경제적 자유'를 이루고 싶은 이유를 물을 때 가장 많이 나왔던 대답이 바로 '시간의 자유'이다. 우리도 그랬다. 매일 할당된 근무 시간을 채우러 회사에 가고, 퇴근 후에는 바로 다시 내일 출근할 준비를 해야 하는 삶. 이런 시간적 족쇄에 묶여본 사람이라면 모두 이해할 것이다. 보통 하루에 8시간 남짓인 근무 시간에 출근 준비 및 출퇴근 시간 2시간을 더하면 하루 약 10시간이다. 일주일이면 50시간, 한 달이면 200시간, 1년이면 자그마치 2,400시간이다. 365일 중 100일은 내내 회사에서 보내는 셈이다.

2020년, 본격적으로 자산이 커지면서 매달 직장에서 버는 돈보다 투자로 얻는 수익이 더 커졌을 때 계산기를 두드려보았다. 일평생 직장에 다니면서 총 얼마의 돈을 벌 수 있는지, 그리고 얼마의 돈이 있으면 지금의 월급만큼을 일하지 않고 받을 수 있는지, 그래서 현재 얼마의 돈이 있으면 퇴사해도 되는지 궁금했던 것이다.

우리가 다녔던 금융회사들은 연봉을 꽤 많이 주는 편이었다. 실제 받았던 연봉과 선배들에게 들은 내용을 종합해 사원급 5천만 원~7천만 원, 대리급 7천만 원~9천만 원, 과장급 9천만 원~1.1억 원 정도로 기준을 잡았다. 여기서 세율을 대략 25%로 잡고 계산했을 때 실수령

액을 따지면 사원급은 4년 동안 약 2억 원(5,500만 원×4년), 대리급은 4년 동안 약 2억7천만 원(6,750만 원×4년), 과장급은 3년 동안 약 2억 5천만 원(8,250만 원×3년), 차장급은 4년 동안 약 3억7천만 원(9,000만 원×4년)을 받을 수 있었다. 총 15년을 근무해야 10억 원 정도를 받을 수 있는 셈이었다. 이 금액을 현재가치로 환산하면 더 적어지겠지만, 편의상 물가상승률에 따른 연봉 상승과 퉁쳤다.

이마저 받은 급여를 숨만 쉬고 아무 데도 안 쓴다는 가정하에 나온 수치였다. 일반 직장인이 저축으로 매달 200만 원씩 모으는 건 무척 힘든 일이다. 모은다고 해도 1억을 모으는 데 거의 4년이 걸리고, 10억을 모으려면 40년이 걸린다. 이런 계산이 나오니, 더 이상 직장을 다닐 필요가 없겠다는 생각이 들었다. 자산은 유동성 장세에 힘입어 15년이 아니라 일평생 직장을 다녀도 벌 수 없는 금액에 다다랐기 때문이다. 월급을 받아도 자산에 끼치는 영향이 거의 없다시피 했다. 갑자기 '앞으로 30년간 직장에서 보냈어야 할 시간'이 생긴 기분이었다. 벌었던 돈이 숫자로만 느껴져 크게 와닿지 않다가 그제야 그 돈의 무게가 체감되었다. 예전에 번 1,000만 원은 그냥 1,000만 원이었지만 이런 규모의 금액은 단순한 돈이 아니라 30년이라는 시간과도 같았다. 우리는 투자로 30년을 벌었다는 생각이 들었다.

흔히들 시간을 돈으로 살 수 없다고 하지만, 사실 이 말은 대부분 틀린 말이다. 돈이 생기면 쓸 수 있는 시간도 따라서 늘어난다. 대부분의 사람들은 시간을 담보로 노동력을 제공하며 돈을 벌어야 하는 운명이기 때문에, 만족할 만큼 돈이 많아진다면 더 이상 억지로 시간을 남에게 팔지 않아도 된다. 말하자면 남에게 팔 시간을 돈으로 다시 사 오는 셈이다. 돈으로 살 수 없는 건 단지 '하루 24시간을 초과하는 시간'뿐이다.

돈이 아무리 많다고 해도 하루에 240시간을 살 수는 없다. 그러나 돈이 많으면 하루에 240시간의 값어치보다 더 많은 일을 해낼 수 있다. 다른 사람의 시간과 노력을 돈으로 살 수 있기 때문이다. 대부분의 사람들이 시간을 팔아 돈을 벌기 때문에, 돈으로 그 사람들의 시간을 살 수 있다. 52시간씩 시간을 써가며 일을 하던 사람이 고용을 통해 12시간만 일해도 된다면, 그 사람은 매주 40시간을 벌게 되는 셈이다. 만약 이 사람이 본인 몫의 40시간을 일할 10명의 사람을 고용한다면, 자신이 일하지 않아도 매주 400시간에 해당하는 일 처리를 할 수 있다. 돈으로 나의 자유로운 시간을 확보하고, 시간의 밀도를 높이는 게 가능하다는 것이다.

직장을 그만두는 것에 대한 주변 반응은 회의적이었다. 그만두기에는 너무 좋은 직장이고, 어차피 업무 강도도 그리 높지 않으니 부담 없이 편하게 다니면 되지 않느냐는 이유에서였다. 우리끼리도 퇴사에 관한 결정이 과연 옳은지 고민을 많이 했다. 처음에 한정수 작가는 퇴사할 생각이 크게 없었는데, 강기태 작가는 퇴사를 해야 한다고 강력히 주장하며 나가서 함께 더 큰 꿈을 펼치자고 이야기했다. 앞서 설명한 대로 조금 생각을 해보니 아주 좋은 아이디어 같았다. 얼마 지나지 않아 이번에는 되레 강기태 작가가 퇴사를 미루는 고민을 하기 시작했다. 회사에서 꼭 해보고 싶었던 직무를 맡게 되었고, 지금이 아니면 경험하기 힘든 일임이 분명했기 때문이다. 그러나 그 고민은 오래 지속되지 않았고, 계획한 대로 퇴사를 진행했다. 그렇게 2021년 3월, 우리는 각자의 직장에서 나오게 되었다.

이런저런 고민들을 뒤로하고 막상 퇴사해보니 굉장히 좋았다. 왜 더 일찍 퇴사하지 않았는지 후회가 될 정도였다. 당연히 좋을 것 같긴 했는데, 우리의 예상보다 더 좋았다. 머릿속으로 상상한 시간의 자유와 실제 시간의 자유는 또 달랐다. 인생이 게임이라면, 아예 다른 게임을 플레이하는 듯한 경험이었다. 사람은 수많은 경험을 통해 성장한다. 경험을 많이 하면 할수록 의사결정의 수준이 올라가고, 삶의 지혜가 쌓인다. 게임에서 레벨을 올릴 때 쌓아야 하는 수치를 '경험치'라고 부르는 것도 이러한 맥락이라고 생각한다.

하지만 게임의 경험치와 삶의 경험치 사이에는 중요한 차이가 하나 있다. 게임에서는 같은 일을 반복해 경험치를 쌓는 소위 '노가다'가 가능하다면, 삶의 경험치는 새로운 경험이나 더 큰 스케일의 경험을 할 때 쌓인다는 것이다. 경험의 풍부함을 늘리고, 경험의 시야를 넓혀갈수록 우리의 통찰력과 삶의 '레벨'은 빠르게 올라간다. 그런 의미에서 '나이'와 삶의 '레벨'은 별개다. 시간이 흐르고 나이만 먹어도 경험치가 자동으로 쌓인다면 참 좋겠지만, 새로운 경험에 나를 직접 노출시키지 않으면 경험치는 쌓이지 않는다. 인생이 그렇다. 시간과 노력을 쏟아부으며 내 손으로 직접 변화를 만들지 않으면 좀처럼 앞으로 나아가지 않는다.

인생은 '하루'의 반복이다. 오늘과 내일이 크게 다르지 않은 삶을 살고 있다면, 자신에게 남은 인생은 그저 '오늘의 반복'일 뿐이다. 일주일을 살더라도 하루하루를 다르게 살려고 노력해야 비로소 '일주일'을 살게 된다. 똑같은 하루를 일곱 번 반복하면 일주일을 하루처럼 살았을 뿐이다. 30년을 매일 새로운 경험과 배움으로 채운 사람은 30년만큼의 경험치를 쌓은 셈이지만, 30년을 매일 똑같이 보낸 사람은 30년이 아니라 하루를 산 것과 다름없다는 것이다.

그런 의미에서 퇴사 후의 삶은 마치 인생에 '현질'이 적용된 느낌이었다. 게임 속에서 게임 머니가 아닌 실제 현금을 지불해 각종 아이템을 구매하는 걸 '현질'이라고 하는데, 확실히 돈이 많으면 경험치를 쌓기 훨씬 유리해진다. 돈을 통해 시간의 자유를 얻고, 그 시간 동안 남들보다 밀도 높은 경험치를 쌓을 수 있기 때문이다. 매일 다를 바 없이 하루를 사는 사람들은 매일 색다른 하루를 설계한 사람에 비해 삶의 경험치가 쌓이는 속도가 현저히 느릴 수밖에 없다. 이런 상태로 5년만 지나면 두 사람의 시야와 공감대는 완전히 달라지고, 의사결정의 레벨에서도 상당한 격차가 생길 것이다. 레벨을 올리지 않은 채 10년이 지나면 주변에서도 슬슬 피할 것이고, 20년이 지나면 사회적으로 눈살을 찌푸리는 수준에까지 이르고 만다. 헛늙었다는 소리를 듣지 않기 위해 우리도 부지런히 경험치를 쌓았다.

돈을 위해 시간을 팔지 않아도 되는 삶의 이점은 생활의 모든 루틴이 '나'를 중심으로 바뀐다는 것이다. 회사 중심이었던 불편한 루틴도 나를 위한 '편안한 루틴'으로 바꿀 수 있게 된다. 늦게 자고 늦게 일어날 수 있는 차원의 문제가 아니다. 일찍 일어나더라도 오롯이 '나의 선택에 의해 일찍 일어날 수 있다는 점'이 중요한 것이다. 시간의 자유로움이 생기면 회사에 있어야 하는 시간을 우리가 원하는 것들로 채울 수 있다. 여러 취미를 만들고 배우면서 하루를 보낼 수 있고, 하고 싶었던 업계에 들어가 일해볼 수도 있다. 좋아하는 취미, 운동, 박람회, 강연, 책 등이 삶이 되는 것이다.

우리는 자유를 만끽했다. 수영, 골프, 악기 연주, 노래 등 익히고 싶었던 것들을 배우기 시작했고 PT나 필라테스, 골프, 테니스 등 원하는 운동을 마음껏 배웠다. 1년~2년 정도 다양한 사람들을 만나고, 여행도 다니고, 취미도 섭렵하다 보니 슬슬 하고 싶은 것들이 사라지기 시작했다. 돈을 벌기 전 열심히 쌓아뒀던 버킷리스트도 바닥을 보였다. 먹고살 걱정도 없고, 하고 싶은 것도 웬만큼 다 해본 '심심한 상태'에 이른 것이다. 가끔은 하루 종일 게임만 하며 시간을 보내기도 했다. 대학교나 회사에 다닐 때는 게임을 시간낭비처럼 여겼는데, 시간의 여유를 만끽하다 보니 안 하던 게임까지 하게 된 것이다. 지금 생각해보면 우리는 어떻게 시간을 채워야 할지 잘 몰랐던 것 같다.

시간의 자유가 처음이고 익숙하지 않아 이를 알차게 쓰는 방법을 몰랐다. 이 시기를 거치며, 우리는 돈이 허락하지 않는 여러 가지 일들을 생각하게 되었다. 새로운 경험을 어디서 만들어야 할지, 앞으로 뭘 더 해봐야 할지 고민하게 된 것이다. 원래는 시간이 가장 소중했는데, 앞으로 남은 이 수많은 시간을 어떻게 보내야 할지 조금은 막막하기도 했다. 이때부터 인생의 목표를 무엇으로 두어야 하는지, 우리가 진정으로 원하는 게 무엇인지 생각해보게 되었다. 돈이 주는 또 다른 자유의 시작이었다.

돈은 생각의 자유를
허락한다

우리는 각자의 자유의지대로 살아가고 있다고 생각하지만, 깊게 생각해보면 그다지 자유롭게 살아오지는 못했다. 우리에게는 항상 하루하루 '정해진 과제'가 주어지기 때문이다. 초중고 때는 대학 입시라는 중대한 목표를 두고 '정해진' 시간에 수업을 들어야 했고, 방과후에는 부리나케 학원에 가야 했다. 대학에 들어가지 못하면 실패한 인생이 될 수 있다는 무시무시한 분위기가 조성되었기 때문에 별다른 선택지가 없었다. 그나마 자유로웠던 대학 생활에서도, 취업이라는 중대한 목표 때문에 아르바이트나 기본적인 스펙 쌓기에 여념이 없었다. 취업한 이후에도 '내 집 마련'이라는 목표를 향해 달렸다. 사회가 정해주는 목표들을 제대로 해내는 사람들은 일등 신랑감, 일등 신붓감이 되고 이를 따르지 않으면 아웃라이어 취급을 받기 때문이다. 돌이켜보면 우리는 생각 이상으로 '사회통념'에 갇혀 살아왔으며, 자유롭다고 생각하며 살아왔지만 사실 매우 많은 통제 속에서 살아왔다.

솔직히 말하면, 우리는 '진짜' 하고 싶은 게 뭔지 확실하게 몰랐을 수도 있다. 잘 모르는 상태로 사회가 정해준 목표대로 살아온 부분도 적지 않았으니까. 하지만 달리 생각해보면 그것은 모두 '하고 싶은 게 뭔지 제대로 생각해볼 여유'가 부족했기 때문이라고도 볼 수 있다. 놀랍게도 이렇게 말하는 우리는 나름의 계획이 있었다. 이 회사가 정말 우리 선택지 중 최선인지, 제대로 된 방향으로 가는지에 대한 고민이 있었다. 그리고 퇴사 후의 삶에 자신도 있었다. 화려하고 멋지기만 한 삶을 상상했다.

하지만 막상 시간의 자유를 얻고, 주어진 목표가 사라지고 나니 뭔가 뻥 뚫린 느낌이 들었다. 게임 속 퀘스트를 전부 해결한 줄 알았는데, 알고 보니 그저 하나의 튜토리얼일 뿐이었다. 우리가 생각했던 것보다 시간은 더욱 많았고, 생각했던 계획이나 목표는 주어진 시간의 반만 사용해도 괜찮았다. 당장의 더 큰 목표들을 만들어내지 못해 시간만 많이 생겨버렸고, 다음 목표가 무엇인지 알려주는 사람도 없었다. 직장을 다니던 시절 허락된 서너 시간 남짓한 자유시간은 효율적으로 잘 썼지만, 막상 생각보다 너무 많은 시간의 자유를 얻게 되니, 어떻게 해야 할지 혼란스러웠다.

회사를 가지 않아도, 하루 종일 빈둥빈둥 게임만 해도 아무도 우리를 찾지 않았고 아무도 우리를 혼내지 않았다. 정말 아무 일도 일어나지 않았기 때문에, 우리가 잘 살고 있는 것인지에 대한 혼란이 계속되었다. 처음에는 단순한 즐거움을 쫓았던 것 같다. 휴식과 취미로 하루를 꽉 채워보았다. 하고 싶었던 일과 먹고 싶은 음식을 마음껏 즐겼다. 사고 싶은 것이 있다면 조금의 망설임도 없이 구매했다. 초반에는 그 삶이 너무 즐거웠다. 그러나 이 상황이 하루하루 반복되다 보니 방황 아닌 방황을 하기 시작했다. 어떻게 보면 이러한 과정은 당연했다. 과거를 돌아보면 우리는 30년간 단 한 번도 24시간을 능동적으로 사용해본 경험이 없었다. 스스로 계획적이고, 능동적이며, 삶의 방향성에 대해 특별히 많이 고민해왔다고 자부하는 우리였지만 한 번도 안 해본 것을 처음부터 잘 해내지는 못했다.

삶에 분명한 목표가 있었다. 그 목표를 이루기 위한 계획이 있었고, 그 계획을 위한 하루하루의 열정적인 삶이 있었다. 그런데 시간의 자유라는 큰 목적을 달성하고 나니, 오랫동안 생각해왔던 목표를 등한

시하고, 방향성을 잃은 채 안주했다. 안주는 나태함을 만들고, 나태함은 게으름을 만들었다. 하루 8시간이 넘는 직장생활 이후 잠들기 전까지 치열하게 읽었던 책, 각종 사업의 시도들, 투자 공부, 유튜브 운영까지… 대체 어떻게 해냈나 싶었다.

그렇게 삶의 궁극적인 목표와 무한하게 느껴지는 시간을 어떻게 채워나갈지에 대한 고민이 거듭되었다. 많은 독자들이 이 부분에 대해 공감하지 못할 수도 있다. 돈이 많이 생기면 '무언가를 하고 싶다'는 상상을 누구나 하기 때문이다. 그리고 본인 스스로는 그것을 잘 실천해낼 수 있으리라 생각할 것이다. 분명한 건, 돈이 없을 때 생각해보는 것과 진짜로 돈이 생겼을 때 생각해보는 것은 사고의 차원이 다르다.

어쩌면 '삶의 궁극적인 목표를 고민하는 게 사치인 삶'을 살아왔다는 것을 알게 되었다. 우리가 생각했던 수많은 고민은 '돈'을 어떻게 벌지에 대한 것이었다. 학교에 다니든, 일을 하든, 자기계발을 하든, 그 안에 '돈'이라는 요소가 결부되어 있다는 것을 깨달았다. 삶에서 돈을 지워보니, 돈을 지우고 나서의 '진짜 삶'이 무엇인가를 마침내 고민하게 된 것이다. 그 고민은 인생에서 가장 중요하고 값진 고민이었다. 돈이 주는 것은 시간의 자유가 아니라, 삶에서 돈이 배제된 '사고의 자유'였던 것이다.

그 사실을 깨닫고 나니 일상적으로, 습관적으로 해왔던 모든 일이 새롭게 느껴졌다. 게임의 최종 보스를 다 깬 상태에서 다시 첫 단계로 돌아와 플레이하는 느낌이었다. 직장에 다니고 학원에 다니는 행위도, 레스토랑에서 식사하거나 직접 요리를 하는 행위도, 친구를 만나고 데이트를 하는 행위도 뭔가 완전히 다른 관점에서 보게 됐다.

돈을 배제한 채 '어디서 어떤 일을 할지' 생각하기 시작하니 돈이라는 존재에 눌려 있던 다른 재미와 가치들이 보이기 시작했다. 가령 빵집에서 아르바이트를 하는 것과 금융권 대기업에서 정규직으로 일하는 것의 매력도가 뒤바뀌었다. 일하면서 누구를 만나고, 어떤 경험을 하고, 얼마나 보람 있고 얼마나 즐거운지를 기준으로 생각해보게 된 것이다. 지금 생각하면 당연히 고려해야 하는 기준이지만, 당시에는 연봉이라는 조건에 우선순위가 밀려 큰 의미를 두지 못한 기준이었다.

일하는 것과 노는 것, 배우러 가는 것의 경계가 흐려지기 시작했다. 그 과정에서 돈을 벌든 쓰든 내가 얼마나 즐겁고 성장할 수 있는지의 기준으로 생각하니 셋을 구분하는 의미가 없었다. '일하는 것은 돈을 벌며 배우는 것이고, 학원에 다니는 건 돈을 내고 배우는 것'이라는 차이가 있을 뿐이었다. 때로는 일이 노는 것처럼 느껴지고, 노는 게 일하는 것처럼 느껴지기도 했다. 돈을 벌면 무조건 직장을 그만두는 FIRE 운동이 얼마나 의미 없고 환상이 담긴 개념이었는지도 깨달았다.

가수 이승철의 노래 〈아마추어〉에는 '아무도 가르쳐 주지 않기에 모두가 처음 서 보기 때문에 우리는 세상이란 무대에선 모두 다 같은 아마추어야'라는 가사가 나온다. 우리는 여전히 아마추어다. 어떤 것이 우리를 더 행복하게 만들지, 그리고 그 행복 너머에는 또 무엇이 있을지 알 수 없다. 정답지를 손에 쥐고 태어나지 않기 때문이다. 매일 그 정답을 찾아 고민해야 하는 운명은 죽을 때까지 이어진다. '내일'은 우리 모두 처음 살아보는 새로운 날이다.

돈은 배움의 경험을
확장한다

돈이 삶에 주는 가장 큰 선물 중 하나는 배움의 '폭'과 '깊이'를 확장할 수 있다는 점이다. 돈이 없을 때는 배움의 기회가 제한된다. 안 그래도 부족한 시간과 돈을 학원에 투자하는 게 '생존과 직결된 문제'처럼 느껴진다. 배움에 투자한 돈을 다시 뽑아낼 수 있는지 없는지가 중요해진다. '하고 싶어서' 하는 배움보다는 '해야 해서' 하는 배움을 선택해야 하는 경우가 많다는 것이다.

하지만 돈이 생기면 얘기가 달라진다. 생존과 직결된 배움을 위한 선택들이 삶의 '즐거움'이나, '특별한 경험'을 위한 배움의 선택으로 변화한다. 생각해보면 초중고부터 대학교까지 공부는 대한민국 사회에서 살아남기 위해 꼭 해야만 했던 일이었다. 학원에 다니는 것도 스스로의 즐거움을 위한 학원보다는 입시나 취업을 위한 학원이 대부분이었던 것 같다. 취업하기 전까지는 생활비도 빠듯했기 때문에 추가로 무언가 배운다는 건 사치에 가까웠다. 새로운 언어를 배우고 싶어도 학원 등록비에 망설여졌고, 요리를 배우고 싶어도 값비싼 도구와 재료비가 부담스러웠다. 그렇기에 돈이 없을 때의 배움은 '생존에 필요한 것' 위주로 좁혀질 수밖에 없었다.

막상 사회에 나와서는 시간이 부족했다. 업무를 소화하기에도 바쁜 하루 속에서 새로운 기술이나 취미를 배우는 것은 큰 결심이 필요한 일이었다. 경쟁이 부담스러워서, 비용이 부담스러워서, 시간 투자가 부담스러워서 배움은 항상 '부담스러운 무언가'로 인식되었다. 그러나 이는 돈이 없을 때의 일이다. 돈이 있으면 가장 먼저 배움의 종류와 폭이 달라진다. 이전에는 '필요한 것'에만 집중했다면, 돈이 생긴 이후에는 '하고 싶은 것'에 온전히 집중할 수 있다. 음악, 미술, 스포츠, 여행 등 다양한 분야에서 삶을 '풍요롭게 하는 배움'을 추구할 수 있다. 우리도 퇴사 후 가장 먼저 노래를 배웠고, 좋아하거나 해보지 않은 운동들을 배워나갔다. 이런 배움은 지식의 확장을 넘어, 새로운 취미와 열정을 발견하는 기회가 되었다. 학생 때는 공부가 하기 싫을 때가 많았는데, 하고 싶은 공부를 시작하니 공부하고 배우는 게 본업인 '학생'의 시기가 얼마나 행복한 시기였는시 새심 깨닫게 되었다. 그리고, 돈이 있으면 평생을 학생처럼 살아갈 수도 있다.

또 돈이 많아지면 배움의 방식과 밀도가 달라지고, 더불어 성장의 속도도 완전히 달라진다. 예전에는 없는 시간을 쪼개 도서관에서 빌린 책이나 무료 유튜브 강좌로 독학했다면, 이제는 돈을 많이 주더라도 목표에 맞는 최적의 환경을 고르고 선택할 수 있다. 어떤 운동을 배워도 프로 선수와 1:1로 운동할 수 있고, 노래를 배워도 현역 가수에게 1:1 레슨을 받을 수도 있다. 이런 배움의 환경은 단순히 효율적일 뿐만 아니라, 더 깊이 있는 성장을 가능케 한다.

배움의 속도도 빠른데 배우는 데 들일 수 있는 시간까지 많아진다면 성장 속도는 배로 빨라질 수밖에 없다. 일해서 돈을 벌어야 하는 직장인의 일주일은 새로운 걸 배우는 시간보다 그동안 배운 걸 활용해 일하는 시간이 더 많다. 항상 새로운 도전이 주어지는 업무라면 조금은 낫겠지만, 반복적인 업무일수록 성장 속도는 더뎌지기 마련이다.

물론 돈이 있다고 해서 무조건 배움이 따라오는 것은 아니다. 돈이 있어도 배우려는 의지가 없거나, 배움의 기회를 낭비하면 아무 소용이 없다. 그러나 배움에 대한 열정이 있다면 돈은 아주 강력한 '치트키'가 된다. 돈은 원하는 배움을 직접 고를 수 있는 선택의 자유를 주고, 배움의 방식을 업그레이드하며, 새로운 배움의 가능성을 열어준다. 인생에는 돈으로 살 수 없는 것들이 많지만, 돈으로 배움의 질과 속도를 높일 수 있다는 사실은 자명하다.

Chapter 3

부는
당신에게
모든 것을
허락하지 않는다

FINANCIAL INDEPENDENCE: RELEASE ECONOMIC DOMINION

돈이 전부라는
착각

삶의 지평에 돈이 미치는 영향은 매우 크다. 지금까지의 내용만 보면 돈만 있으면 모든 것이 다 해결되고 평생 충만하고 행복한 삶을 살 수 있을 거라는 생각이 들 텐데, 정말 인생이 그렇게 작동한다면 삶은 훨씬 간단해질 것이다. 돈의 양만 쫓으면 되기 때문이다. 하지만 부는 당신에게 '모든 것'을 허락하지는 않으며, 오히려 불행을 가져오는 경우도 있다. 로또 1등 당첨 이후 삶이 망가지고 불행해지는 '클리셰'는 이제 모두에게 익숙하다. 우리 역시 '그 돈이 생긴다면 나는 행복하게 살 자신이 있는데, 절대 망가지지 않을 자신이 있는데, 어떤 바보 같은 사람들이 불행해지는 걸까?'라고 생각했다. 하지만 지금은 생각이 조금 다르다. '부가 되레 행복을 깎아버리는 경험'을 직접 겪어보았기 때문이다. 갑작스럽게 생긴 부는 외로움과 허무함을 동반하기도 하고, '헝그리 정신'이라고도 할 수 있는 열정과 정력을 앗아가기도 한다.

우리는 인생을 혼자 살아가지 않는다. 비슷한 환경에 있거나 비슷한 공감대가 있는 사람들끼리 모여 교류하며 살아간다. 삶의 격차가 클수록 상호 간의 온전한 공감대가 형성되기 어렵다. 환경이 달라지거나 공감대가 달라지면 기존의 인간관계는 멀어지고 새로운 인간관계가 생기기도 한다. 여기서 환경과 공감대를 좌우하는 가장 큰 요소 중 하나가 바로 '돈'이다. 많은 사람들이 '돈 문제'를 안고 살아간다. 돈에 대해 함께 걱정하고 고민하던 처지에서, 어느 한쪽이 더 이상 돈 걱정을 하지 않아도 되는 상황이 오면, 그 사람은 '다른 사람'이 되었다고도 볼 수 있다.

'사촌이 땅을 사면 배가 아프다'라는 속담처럼, 자산 증식을 통한 부의 증진은 필연적으로 질투의 대상이 된다. 또한, 아무리 가까운 친구 사이라도 상황의 변화는 어딘가 불협화음을 만들어낸다. 친구들이 돈을 더 벌기 위해 고민(취업, 스펙, 자격증, 이직, 시험공부 등)할 때, 여러분이 돈과 함께 많아진 시간의 자유를 어떻게 쓸지 고민한다면, 여러분의 그 고민은 함께 지내온 누군가에게는 배부른 고민이 될 수 있다는 것이다.

돈이 아닌 성적으로 예를 들어보자. 전교에서 100등, 101등을 나란히 하던 두 친구가 있다. 중1 때부터 함께 100등, 101등을 나란히 해오다가 어느 날 갑자기 100등을 하던 친구가 전교 10등을 하게 되었다. 처음엔 나의 소중한 친구가 너무 대단하고, 자랑스러운 마음이 들 것이다. 어떻게 한 것인지 비결을 물을 수도 있다. 하지만 시간이 지나 전교 10등인 친구의 성적은 점점 더 올라가고 전교 101등인 친구의 성적은 점점 더 떨어진다면, 둘은 '공부'라는 주제로는 더 이상 대화를 나누거나 공감대를 형성하기 어렵다. 아무리 오랫동안 단짝으로 공부를 해왔어도 이 둘의 공부 시너지는 여기까지다. 그들은 각자의 학업 성적에 맞는 또 다른 친구들을 찾아 따로 공부하게 될 것이며, 누가 먼저랄 것도 없이 자연스럽게 멀어질 것이다.

기존의 인간관계가 멀어져도 새로운 인간관계가 다시 생기기만 한다면 큰 문제가 발생하지 않을 수도 있다. 그러나 삶은 '다수가 공감하기 어려운 영역'으로 갈수록 외로움을 수반하게 된다. 여러분이 갑자기 큰돈을 가진 부자가 되었다고 해서 당장 비슷한 규모의 자산을 가진 사람들을 원하는 만큼 찾아낼 수도 없을뿐더러, 큰돈을 가진 사람들이 생각보다 주변에 그렇게 많지가 않다. 기존 친구들과의 공감대는 약해졌는데, 그걸 대체할 만한 인간관계는 생기지 않는 상황이 발생하는 것이다.

돈은 그동안 여러분을 움직여왔던 동력을 꺼뜨리기도 한다. 마라톤처럼 긴 거리를 쉬지 않고 달려왔지만, 마치 피니시 라인을 지난 것처럼 더 이상 뛸 이유를 못 느끼는 것이다. 다시 뛴다고 해도 마라톤 대회에서 뛰었던 것만큼 치열하게 뛰기 어려워진다. '헝그리 정신'을 잃어버린 것이다. '헝그리 정신'은 우리 모두에게 있다. 돈을 더 많이 벌기 위해 이직을 고민하거나 승진을 통해 더 높은 연봉을 바라는 직장인, 사업 확장을 통해 더 많은 돈을 벌려는 사업가, 어쩌면 미래의 큰 부를 위해 공부하는 학생들까지…. 우리는 알게 모르게 '돈을 벌기 위한 노력'을 일평생 해왔다.

가끔 '나는 많은 돈을 벌기 위해 일하지 않는다'라고 말하는 사람들도 있다. 하지만 이러한 사람들 가운데 '한 푼도 주지 않을 테니, 오직 자아실현만을 위해 일해라'는 말에 동의할 수 있는 사람은 아무도 없을 것이다. 좋든 싫든 우리는 '돈'이라는 것을 고려할 수밖에 없는 상황 속에 놓여 있다. 그리고 이러한 상황에 놓인 것은 지극히 당연한 일이다. 우리가 살아가는 사회 자체가 '돈이 없으면 살 수 없는 환경'이기 때문이다. 돈이 중요하지 않다는 헛소리를 할 수 있는 것은 돈이 너무 많아서 익숙해진 사람이거나, 태어날 때부터 돈이 많아서 그러한 결핍을 못 느껴본 사람들뿐이다.

그렇게 우리는 모두 '자연적'으로 헝그리 정신을 가지고 살아가는데, 갑작스럽게 돈이 많아지면 삶을 지탱하던 '헝그리 정신'을 잃게 된다. 이는 무언가에 몰입하는 데 있어 집중력을 저하시키고, '필사적'이었던 사람들의 동기를 '평범'하게 만들어버리고 만다. 더불어 '간절함'이라는 요소를 삶에서 무심히 앗아가기도 한다.

인간관계의 가격표는
존재하지 않는다

이 책을 읽는 사람 중 대부분은 가족, 친구, 연인 등 인간관계에 대한 고민을 한 번쯤 해보았을 것이다. '돈' 다음으로 흔하게 하는 고민이 바로 이 '인간관계'에 대한 고민이다. 그래서 돈이 없을 때는 '돈만 많아지면 어딜 가든 주목받고 이성에게 인기가 많아질 거라는 환상'을 갖기도 한다. 하지만 돈은 상상하는 만큼 드라마틱하게 우리의 인간관계를 바꿔놓지는 않았다.

물론 직장을 나와 사업과 투자를 전업으로 하고 있기에, 회사 다니던 시절에 비하면 주변 인간관계가 조금 달라지긴 했다. 학교에서도 공부를 열심히 하는 친구들끼리 어울리고 운동을 좋아하는 친구들끼리 어울리듯이, 사업과 투자를 전업으로 하는 사람들과 주로 어울리게 되는 것이다. '9 to 6' 일과로 움직이는 직장인과 활동 시간대가 조금 다르다는 이유도 있겠고, 우리가 만든 모임(1-4장 참조)에서 확장되는 네트워크도 큰 부분을 차지한다. 우리의 자산이 상대적으로 적은 축에 속할 만큼, 경제적 여유가 있는 사람들로 우리의 주변이 채워져 있다.

하지만 돈 때문에 인간관계 자체가 더 쉬워지고 풍부해졌냐고 하면, 반드시 그런 것 같지는 않다. 지금의 인적 네트워크도 이전의 네트워크와 비슷한 형태로 움직인다. 주변의 평균도 함께 올라버렸기 때문에 우리의 인적 네트워크 안에서 우리의 상대적 위치는 크게 변하지 않았다. 다른 사람들도 비슷한 상황으로 보인다. 같은 대학, 같은 과를 나왔어도 누군가는 '인싸(인사이더)'가 되고 누군가는 '아싸(아웃사이더)'가 되듯이 돈을 많이 벌었어도 '자발적 아싸'로 지내는 사람들이 있고, 돈 많은 '관종(주목받는 걸 즐기는 사람)'으로 지내는 사람들이 있다. 대체로 돈을 벌기 전과 크게 다르지 않은 스탠스로 사회생활을 하고 있는 것 같다.

우리는 달라진 자산만큼 더 넓은 인간관계를 만들기 위해 다양한 노력을 펼쳤다. 우리와 비슷한 성취를 이룬 모임을 만든 것도 말하자면 용기를 낸 결정이었다. 모임을 결성하다 보면 이상한 사람들이 꼬이기도 하고, 운영하는 데 적지 않은 품과 에너지가 들어간다. 그러나 우리는 여러 부작용이나 어려움은 뒤로하고, 우리의 스타일대로 실행해냈다. 그 후 추가적으로 스타트업 모임, 우리처럼 공동의 목표를 쥐고 함께 달려온 친구들, 증권사나 은행에서 마련한 세미나의 네트워킹, 각종 파티, 행사 등에서 더 많은 사람들과 사귀고 교류하게 되었다.

돈이 많다고 해서 반드시 인간관계의 폭이 넓어지는 건 아니지만, 일단 넓히기로 마음을 먹었다면 확실히 기회는 많이 주어진다. 인간관계가 달라지면서 과거에는 참석하기 어려웠던 자리에 초대를 받는다든가, 존재하는지도 몰랐던 다양한 모임에 참석하게 되었고 그로 인해 만날 수 있는 사람이 다채로워졌다. 자산 혹은 사업의 규모가 커질수록 만나는 사람들의 체급도 덩달아 커지는 것 같다. 유튜브 구독자의 규모가 커졌을 때와 비슷한 느낌으로 다양한 기회가 마련되기도 한다. 다만 예전에는 그저 '돈 많은 사람'으로 다 비슷해 보였다면, 이제는 개개인이 지닌 역량과 스펙트럼을 더 관심 있게 지켜보게 되었다.

우리보다 더 큰 성공을 거두고, 더 큰 체급의 사람들을 만나면서 배우는 것도 많아졌다. 어디를 가나 공통적으로 느끼게 되는 감정은 '겸손'이다. 우리가 만든 모임 안에도 우리보다 훨씬 자산 규모가 크거나 훨씬 큰 사업체를 운영하는 분들이 많다. 그런 분들은 대부분 본인을 낮추고 남을 배려하는 겸손한 태도가 기본적으로 탑재되어 있다. 자신보다 훨씬 대단한 사람들을 많이 만나봤기 때문에 쉽게 자만하지도 않는다. 그런 분들과 직접 대화를 나누다 보면 우리도 자연스레 겸허해지게 된다.

부자로 살고 있는 사람들 가운데 큼지막한 로고가 달린 명품으로 치장하고 다니는 사람은 거의 없다. 자신이 돈이 많다는 걸 굳이 주변에 드러내거나 보여줄 필요가 없기 때문이다. 지인들 역시 대부분 부자라서, 아무리 명품을 빼입고 비싼 차를 탄다고 해도 그들에게 큰 감흥을 줄 수가 없다. 로고가 박힌 명품을 즐겨 입는 사람들은 대부분 '돈 없는 사람들에게 잘 보이려는 사람들'이다. 이런 패션을 좋아하는 사람은 '갑자기 큰돈을 벌게 되어 주변 네트워크는 돈이 없지만 혼자만 돈이 많은 졸부', '돈 자랑 자체가 하나의 콘셉트인 힙합 가수', '돈이 없는 사람들의 환상을 노린 사기꾼' 이 세 부류 가운데 하나일 확률이 높다.

또 단순히 더 큰 부자라고 해서 배울 게 더 많아지는 건 아니었다. 오히려 우리보다 조금 앞선 투자자, 사업가들의 조언이 더욱 현실적으로 다가왔다. 직장인보다 현직 대학생이 수험생들에게 수능 과외를 더 잘해 줄 수 있는 것처럼, 우리보다 열 걸음 앞선 사람보다 한 걸음 앞선 사람의 조언이 가장 피부에 와닿았다.

우리는 우리가 경험한 부의 스펙트럼 안에서 절대 큰돈을 번 것은 아니라고 생각한다. 그러나 돈이 있을 때와 없을 때의 주변인 변화를 보며 '아우터 서클'은 커지는데 '이너 서클'이 작아지는 느낌을 받기도 했다. 어느 정도 안면이 있는 새로운 지인들은 굉장히 많이 늘어나지만, 편하게 생각하던 기존 지인들과의 인간관계는 오히려 좁아진다는 것이다. 거기에는 다양한 이유가 있지만, 가장 큰 이유 중 하나는 '돈을 빌려달라는 요청'이다. 우리는 돈을 빌려달라는 부탁을 여기저기서 많이 들었고, 실제로 빌려준 적도 많다. 하지만 지인에게는 절대 돈을 빌려주지 않는 것을 추천한다. 돈도 잃고 사람도 잃는 가장 빠른 길이기 때문이다.

돈을 빌려준다는 건 사실상 채권 투자다. 채권투자를 업으로 하는 사람도 수익을 내기 어렵다. 여러분은 높은 확률로 돈을 잃게 될 것이다. 정 돈을 빌려줘야겠다면, 빌려줄 때부터 돌려받지 못할 돈이라고 생각하고 빌려줘야 한다. 없어져도 스트레스를 받지 않을 범위 내에서 빌려주라는 뜻이다. 아무리 가까운 지인이어도 변제일은 무조건 확실하게 정하고, 이자와 연체 손해금도 필히 정해야 한다. 이자와 연체 손해금이 없다면 돈을 '빨리 갚을' 유인이 사라지기 때문이다.

　돈을 빌린 사람과 돈을 빌려준 사람은 정반대의 생각을 갖고 있다. 돈을 빌려준 사람은 돈을 빌린 사람이 당연히 본인의 빚을 최우선순위로 생각할 것이라 기대한다. 빌려준 사람의 입장에서는 그게 옳은 일이기도 하다. 돈이 마련되면 빚부터 갚는 게 도리이고, 애초에 그렇게 생각했기에 돈을 빌려주었을 것이다. 하지만 돈을 빌린 사람은 그렇게 생각하지 않는 경우가 많다. 여러분이 생각하는 것보다 '훨씬' 더 말이다. 빚을 우선순위로 생각하기는커녕 최후순위로 생각하는 사람들도 있다. 결과적으로 돈을 빌린 사람이 갑이 되어 나중에서는 오히려 돈을 빌려준 사람이 쩔쩔매기도 한다. 애초에 갚을 생각이 없던 사람이라면 '갚아야 할 빚'이 아니라 '본인의 돈이 나가는 지출'이라고 생각한다. 그래서 돈을 갚아야 할 시기가 다가오면 별의별 핑계를 대가며 변제일을 미룬다. 처음에는 갚을 생각이었더라도, 한 번 미루는 데 성공하면 '이게 미뤄지네? 어차피 지금까지 안 줬는데 굳이 당장 줘야 하나?' 하며 또 미루게 된다. 한 번이 어렵지, 두 번은 쉽다.

변제일이 지났다면 지체 말고 최대한 빠르게 전문 법무법인에 채권추심을 맡기는 것이 좋다. 변제일이 지날수록 그 기간만큼 추심수수료가 올라가기 때문이다. 1년이 넘은 악성 채권은 난이도에 따라 수수료가 30%~50%까지 올라갈 수 있다. 카드사나 은행들은 1년 이상 밀린 채권은 원금의 10% 정도의 가격에 팔아버리기도 한다. 우리도 못 받은 채권들을 함께 처리하다 알게 된 사실이다.

가족과의 관계나 친한 친구들과의 관계는 돈을 벌기 전후가 크게 달라지지 않았다. 부모님은 여전히 자식 걱정을 하고 계시고, 형제자매에게는 예전과 같이 장난치고 놀던 오빠이자 동생이다. 다만, '얘가 진짜?'라는 느낌의 의문점은 아직도 조금 가지고 있는 것 같기는 하다. 인간관계에서 지출되는 돈 역시 우려했던 것만큼 큰 폭으로 뛰지는 않았다. 물론 처음 자산이 크게 불어나고 퇴사까지 했을 때는 가까운 분들에게 기분 좋게 밥과 술을 대접하는 일이 많았다. 그리고 이러한 상황이 반복되면서 '우리가 선의를 갖고 결제하는 걸 주변 사람들이 당연하게 여기지는 않을까?' 하는 우려도 했다. 다행히 이 또한 불필요한 우려였다.

시간이 웬만큼 흐른 지금은 더욱이 이전과 크게 다르지 않다. 오히려 요즘은 돈을 내지 않고 얻어먹는 경우가 더 많다. 만나자고 연락을 준 고마운 분들이 시간을 내주어 고맙다며 자기가 대접하는 경우가 많아졌기 때문이다. 주변에 우리보다 큰 자산을 가진 분들이 늘어난 영향도 적지 않다. 또 이전에 우리가 식사 자리나 술자리 등에서 먼저 많이 베푼 탓에, 그걸 고마워하며 한 번이라도 더 사주려는 분들도 있다.

행복의 물가는
끝없이 오른다

"자네, 돈이 하나도 없는 사람과 돈이 너무 많은 사람의

공통점이 뭔지 아나? 사는 게 재미가 없다는 거야.

돈이 너무 많으면은 아무리 뭘 사고 먹고 마셔도

결국 다 시시해져 버려."

– 《오징어 게임》 대사 중

돈과 행복의 관계는 논란이 많다. 돈으로 행복을 살 수 없다는 사
람도 있고, 돈으로 행복을 살 수 있다는 사람도 있다. 이러한 논쟁은
돈과 인간이 존재하는 한 끝없이 계속될 것이다. 왜냐하면, 이들 중 누

구의 손도 쉽게 들어줄 수 없기 때문이다.

돈과 행복은 분명한 관계성을 지니고 있다. 자본주의 사회에서 '궁극의 수단'인 돈은, 행복을 얻는 가장 효과적인 수단일 수밖에 없다. 하지만 아이러니하게도 돈과 행복의 관계를 하나의 그래프로 나타내는 일은 매우 어렵다. 그런즉, 돈이 없다고 해서 항상 불행한 것도 아니고, 돈이 많다고 해서 항상 행복한 것도 아니다. 이는 돈과 행복의 관계성 사이에서 변수로 작용하는 '시간' 때문이다. 돈과 행복은 처음에는 비례하는 것처럼 보이지만, 시간이 지남에 따라 이 관계는 조금씩 흐트러진다.

20대 후반까지 우리의 목표 1순위는 '부자 되기'였다. '돈이 많아지면 인생의 모든 문제가 해결되고 자동으로 행복해지지 않을까?' 하는 막연한 기대를 품었다. 돈이 많아지면 갖고 싶었던 것들을 모조리 사고, 하고 싶은 것들을 모두 누리며 행복하게 살 수 있을 것 같았다. 요즘 로또 당첨금 평균 실수령액이 13억 원 정도라고 하는데, 이 정도만 있어도 원하는 카메라와 자동차, 시계를 사고도 평생 행복하게 살 수 있을 거라고 생각했다. 물론 그 후 로또를 몇 번이나 당첨되어야 받을 수 있는 돈을 벌었지만, 기대와 달리 이렇게 '소비에 기반한 행복'은 오래가지 못했다. '간사함'이라는 인간의 특성 때문이었다.

강기태 작가는 대학 시절 6평 남짓한 고시텔에서 생활했다. 작은 침대와 책상 하나, 그리고 협소한 샤워실이 있는 원룸이었다. 그곳에서 처음으로 혼자 산다는 기쁨에 즐거워했다. 이후 12평 정도 되는 곳에서 3명이 같이 생활했는데, 강기태 작가는 그중 막내였다. 입주 이튿날 아침, 알람이 너무 크다는 이유로 한 형이 얼굴 쪽으로 핸드폰을 집어 던졌다.

"이 새끼야, 너만 사는 곳이야?"

놀랍고 당황스러웠지만 죄송하다는 말밖에는 할 말이 없었다. 만약 이 당시에 돈이 있었다면, 더 넓고 쾌적한 곳에서 훨씬 편하게 지냈을 것이다. 하지만 20대 중후반, 금융기관에 입사하기 전까지는 항상 고시텔이나 누군가와 함께 살며 거주비를 절약했다. 많은 이들이 그러하듯 대학 생활을 하며 돈을 아끼기 위해 학식만 먹었다. 대학을 다니며 도서관 사서 근로장학생을 했었는데, 월 32만 원씩 들어오는 근로장학금은 대학 생활의 부족한 생활비에 숨통을 틔어주었다. 그리고 인턴 첫 월급을 받던 날, 150만 원이라는 '살면서 받아본 가장 큰 금액'에 기쁨을 감추지 못했다.

지금은 그때보다 큰 집에서 혼자 지내기 때문에 몸도 마음도 편하다. 더 많은 돈을 벌고 있고, 원하는 공간에서 먹고 싶은 것들을 마음껏 먹는다. 그런데 어느 순간, 지금의 이 생활이 '당연하게' 느껴졌다. 돈은 중요하지 않다는 말도 안 되는 소리를 하면서 말이다. 인간은 '망각'과 '적응'의 동물이다. 돈과 행복도 예외일 순 없다. 심리학에서 이야기하는 '쾌락 적응(Hedonic Adaptation)'은 좋은 일이 생겼을 때 느끼는 행복감이 시간이 지나면서 점차 줄어들고, 결국 원래의 행복 수준으로 돌아가는 현상을 뜻한다. 쉽게 말하면 '행복의 휘발성'인 것이다.

거액의 복권에 당첨되거나 큰 성취를 이룬 이후의 행복감도, 시간이 지나면 일상적인 상태로 회복된다. 새로운 옷이나 핸드폰을 샀을 때 느꼈던 행복감을 6개월 뒤에는 거의 느끼지 못하는 것과 같은 이치다. 운 좋게 이상형과 꼭 맞는 연인을 만나 잠을 설칠 정도로 설레는 나날을 보내다가도, 얼마의 시간이 지나면 벅차오르던 처음의 감정도 가물가물해진다. 처음 큰돈을 벌어 직장을 나올 때는 퇴사했다는 사실 자체만으로도 엄청 행복했지만, 지금은 '언제 회사에 다녔었나?' 싶을 정도로 무감각해졌다.

행복이 오래도록 이어진다면 당연히 좋겠지만, 행복이 행복으로서 기능하려면 '일시적'이어야만 한다. 인간이 생존에 유리한 행동을 하게 만들기 위한 감정적 시스템, 혹은 보상 체계가 바로 '행복'이기 때문이다. 행복이 아이스크림처럼 녹아 없어지지 않는다면 행복은 제 기능을 할 수 없다. 즉, 행복한 상태에 있는 인간은 더 이상의 행복을 찾아 나서거나 무언가를 위해 노력할 이유가 없는 것이다. 달콤했던 순간이 사라지고 끝나버린 행복의 효과를 다시 느끼고 싶어야 동기부여가 된다. 영원한 행복에 취하면 번식할 이유도 느끼지 못할 것이며, 생존을 위해 음식을 찾을 이유조차 느끼지 못할 것이다.

행복은 물건이나 사람, 지위 자체에 머무르는 게 아니라 그것들에 따르는 경험으로부터 발생한다. 물건을 계속 소유하는 것에서 오는 행복은 그 물건을 처음 손에 쥐었을 때의 행복보다 크지 않다. 즉, 이 세상 모든 물건이 한순간에 내 것이 되면 형용할 수 없는 큰 행복감을 느끼겠지만, 그 상태에 적응하고 나면 처음의 행복감은 다시는 느낄 수 없다는 것이다. 이러한 인간의 특성 때문에 행복이나 불행은 물리적 여건이나 환경적 요인과 반드시 비례하지는 않는다. 현대인들은 조선 시대에 살았던 왕보다도 질적으로는 훨씬 나은 삶을 영위하며 살아간다. 우리가 먹는 음식과 기호 식품, 즐기는 취미, 여행, 의료, 안전, 문화, 콘텐츠 등 모든 면에서 우리의 삶은 조선 시대의 삶보다 앞서간다. 그렇다고 우리가 모두 조선 시대에 살았던 사람들보다 행복하다고는 단정할 수 없다.

행복은 크기보다는 '지속적인 새로움'이 중요하다. 어차피 금방 날아갈 행복, 한 번의 큰 행복을 맛보고 이후를 불행하게 사는 것보다 꾸준히 작은 행복을 맛보는 게 더 이롭다는 것이다. '큰 행복'과 '행복의 부재' 사이를 왔다 갔다 하는 삶보다 작은 행복이 지속되며 긍정적 감정이 축적되는 삶이 더 행복한 삶이다. 한때 유행어였던 '소확행(소소하지만 확실한 행복)'과 비슷한 맥락이다. 만약 여러분이 행복의 크기를 쫓기 위해 작은 행복들을 포기하면서 커다란 행복만 따라다닌다면 '목표로 향하는 과정'에서도, '목표를 이룬 후'에도 불행한 삶을 살 수밖에 없을 것이다. 지나치게 큰 쾌락은 행복에 대한 역치만 올리고 순식간에 사라져버림으로써 우리를 망가뜨린다.

마약을 단 1회 투여해도 인간으로서의 삶이 끝나는 이유가 여기에 있다. 행복의 그래프가 망가져 마약 투여 이전에 그려왔던 모든 행복과 불행의 높낮이가 불행 쪽으로 수렴되어 버리기 때문이다. 값비싼 물건을 구매하거나 과소비를 함으로써 얻을 수 있는 행복에도 한계가 있다. 돈을 쓰더라도 새로운 자극을 얻는 데 돈을 써야 한다. 돈은 인생에서 무한대의 '부정'을 제거해주지만, 무한대의 '긍정'을 불러오지는 못한다. 돈으로 무한대의 행복을 사려다간 끝 없는 과소비로 이어진다. 과소비가 이어지면 자산의 성장에서 멀어질뿐더러, 돈이 없어졌을 때 찾아올 불행에 더욱 취약해진다.

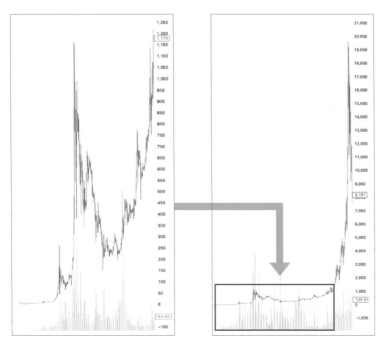

둘은 동일한 그래프의 '확대 전'과 '확대 후' 모습이다. 왼쪽 그래프처럼 업다운이 커 보이는
그래프도, 과한 상승을 경험하는 순간 오른쪽처럼 납작하게 보인다.

"소득이나 자산이 커지면 소비도 그와 비례해서 커진다. 이렇게 한
번 커진 소비는 자산이 줄어들더라도 줄이기 힘들다." 주변에 자산을
어느 정도 일구어낸 사람들이 공통적으로 하는 경고다. 우리 역시 이
말에 깊이 공감한다. 일정 수준의 자산을 넘어서면 월 소비액은 자연
스럽게 커지며, 이것을 다시 줄이는 것은 매우 힘들다. '경제적 자유'
라고 얘기하지만, 자산이라는 것은 언제 어느 때든 사라질 수 있다는

걸 잊어선 안 된다. 우리도 돈을 가장 많이 벌었던 때의 자산과 현재의 자산에 격차가 있으며, 주변의 많은 자산가들도 마찬가지다.

대부분의 사람들은 자신이 기록한 가장 높은 소득 수준, 혹은 자산 수준이 자신의 '실제 자산'이라고 생각하고 거기에 맞는 수준의 소비를 한다. 그 소비에 익숙해지면, 실제 자산이라 착각했던 수준보다 적게 소비해야 할 때, 지속해오던 소비습관을 고치기가 쉽지 않다. '까짓거, 다시 벌면 되지', '과거에 이만큼 벌었으니 미래에는 더 많이 벌 수 있을 거야' 하는 자신감이 내면에 깃들어 있기 때문이다. 그러나 현실은 생각보다 냉정하다. 이는 돈을 많이 벌었을 때, 가장 경계해야 하는 지점이기도 하다.

우리는 '큰물에서 놀아야 한다', '판돈이 큰 테이블에서 놀아야 한다', '최고의 동료와 함께 일해야 한다' 같은 말들을 흔히 듣는다. 자기계발서나 유튜브 강연에서 쉽게 들을 수 있는 단골 멘트와도 비슷하다. 실제로 '큰물'에서 업계 거물들이나 최고의 인재들과 생각을 나누는 건 정말 값진 기회이자 경험이다. 대화 한 마디 나눴을 뿐인데 시야가 넓어지고 생각이 성장하기도 한다. 그러나 이를 '소비'에도 똑같이 적용한다면 문제가 심각해진다. 여러분이 부자들과 어울리며 돈을 아무리 많이 쓴다고 해도, 그들은 여러분이 부자가 될 수 있게 도와주지 않는다. 돈도 없으면서 '큰물에서 놀아야 부자 된다'고 중얼거리며 무리한 지출을 이어가게 되면 자신이 꿈꾸던 부자와는 더더욱 멀어지게 될 것이다.

물론 디자이너나 미식 평론가처럼 소비와 직접적으로 연관된 일을 하는 사람이라면 예외일 수 있다. 경험과 취향이 성장에 도움이 되기 때문이다. 하지만 당신이 행복한 소비와 합리적인 소비를 추구하는 일반인이라면, '큰물'보다는 '작은 물'에서 노는 것이 바람직하다. 소비습관을 키우는 건 쉽지만 줄이는 건 어렵기에, 고정 지출 증가에 대해서는 보수적이면 보수적일수록 좋다.

우리처럼 '갑자기 돈이 많아지는 일'이 생기면 어느 순간부터는 가격표를 보지 않게 된다. 가격표를 보더라도 주의 깊게 보지 않아 조금만 지나도 기억하지 못하는 경우가 대부분이다. 강기태 작가는 한때 하루에 책을 열 권 이상씩 무더기로 주문하는 잘못된 습관이 생겨, 읽지 않은 새 책을 집 안 곳곳에 수북이 쌓아두기도 했다. 이런 일들이 당장 큰 영향을 주진 않지만, 줄줄 새는 돈이 많아지면 반드시 문제가 생긴다. 인생이 한없이 나아지기만 하는 것도 아니고, 돈이 한 번 벌었다고 평생 내 옆에 있는 것도 아니기 때문이다. 주기적으로 대청소와 방 정리를 하듯이 중요하지 않은 것들을 하나씩 빼 나가다 보면 결국 '정말 필요한 것들'만 남게 된다.

　한 사람의 소비습관을 보면, 그 사람의 인생을 대강 파악할 수 있다. "돈을 어떻게 쓸 것인가?"라는 질문은 "어떻게 살 것인가?"라는 질문과 맞닿아 있다. 돈은 우리의 삶을 편리하고 풍요롭게 해주는 도구이며 그것을 어디에, 어떻게 사용하는지는 매우 중요한 과제이다. 가치관에 따라 다르겠지만 자신만의 행복을 위해 소비하지 않고, 주변 사람들과 행복을 나누고 베풀며 사회에 긍정적인 영향을 준다면 그 만족감은 배가될 것이다. 물론 자신의 행복만을 위한 소비로 만족감을 얻는 것도 나쁘지 않다. 다만, 우리가 최후의 순간에 "정말 잘 살았다"라는 생각을 하기 위해서는 소비습관과 소비 방식에 대해 깊이 고민해볼 일이다.

'돈'은 '일'을
대체할 수 없다

　인생의 큰 즐거움 중 하나는 뭔가를 해내는 '성취 경험'이다. 일어나서 이불을 개고 운동을 하는 작은 것부터, 직장에서 큰 프로젝트를 따내거나 오디션에 합격하는 등 크고 작은 인생의 성취는 우리들의 자존감을 키우고 행복도를 높여준다. 이 책의 독자들이 바라는 '투자나 사업에 성공해 인생을 바꿀 정도로 큰 부를 얻게 되는 것' 역시 큰 성취 경험이다. 이런 성취 경험은 크면 클수록 좋을 거라고 생각하기 쉽지만, 큰 성취 경험이 오히려 문제를 일으키기도 한다.

　우리가 본 부자들 가운데서도 불행해 보이는 사람들이 있었다. 그런 사람들은 대부분 발전을 지속하며 꾸준히 성취감을 느껴오다가 어느 순간 목적의식을 잃고 더 이상 성취감을 느끼지 못하는 삶을 사는 이들이었다. 누군가의 시선에서 그는 가장 행복한 사람이지만, 실제로 그는 삶의 모든 것이 시시하고 재미없다. 앞서 말한 무한한 시간을 어떻게 채울지에 대한 답안을 채우지 못하고, 그 무한한 시간을 오직 '휴식'으로만 채우고 있는 것이다.

물론 인생을 휴식으로 채우는 것이 틀렸다고 볼 수는 없다. 더불어 이것이 그 사람들의 진정한 행복이라면 인정하고 존중할 수밖에 없다. 다만 그들 중 몇은 전성기가 지나버린 사람처럼, 과거의 성취 경험과 그 시절에 꽃피운 열정을 그리워한다. 다시금 열정을 쏟고, 그때의 감정을 느끼게 해줄 무언가를 열심히 찾아다니지만 이내 포기하는 경우도 많다. 과거에 이룬 성취가 압도적으로 크다 보니 그만한 성취 이상을 지금 해내기 어렵고, 지금 하는 일들이 시시하게 느껴지는 것이다. 이는 성취감으로 얻는 행복감을 더 이상 느끼지 못하게 만든다. 마약을 경험해본 사람이 마약 외의 다른 것으로는 삶의 즐거움을 채우지 못하는 것과 같다. 어떤 것으로도 삶의 즐거움을 채우지 못하면 사람은 금방 불행해진다.

우리에게 행복을 느끼게 해주는 '행복 수용체'는 과도한 자극에 취약하다. 갑자기 생기는 큰 자극이나 인위적이고 지속적인 자극은 행복의 밸런스를 무너뜨려 삶을 망가뜨린다. 사람들은 행복을 인위적으로 채우기 위해 다양한 방법을 동원한다. 가령, 여러분이 오늘 마신 커피는 동기부여에 도움이 되는 도파민을 채워준다. 대부분의 직장인들이 그렇다. 지긋지긋한 출근을 하기 위해, 하기 싫은 일을 억지로 하기 위해 커피가 가진 카페인의 힘을 빌리는 것이다. 그중에는 커피를 '생명수'라고 부르며 '카페인을 수혈받지 않으면 일을 시작할 수 없다'고 말하는 사람들도 있다. 비슷한 맥락으로 SNS에서 사람들의 관심과 '좋아요'를 받거나, 자극적인 영상을 연달아 시청해도 도파민이 생성된다. SNS에서 비롯된 '도파민 중독'을 '마약 중독'과 크게 구분하지 않는 이유다.

하지만 이러한 반칙(?)으로 얻은 행복감이 커지면 커질수록 문제도 커진다. 의존성과 중독성 때문이다. 예컨대 코카인 같은 마약은 한 번만 복용해도 뇌의 체계를 망가뜨릴 수 있을 만큼 어마어마한 양의 도파민을 방출한다. 우리 뇌의 도파민 수용체를 '컵'에 비유한다면, 이렇게 무리하게 채워진 컵은 회를 거듭할수록 점점 채우기가 어려워진다. 비정상적인 수준의 화학 작용이 수용체를 망가뜨려, 채워도 채워도 공허를 느끼는 것이다. 벗어날 수 없는 불행이 거기서부터 시작된다.

젊은 나이에 큰 부를 얻는 것도 거대한 도파민을 순간적으로 주입하는 것과 비슷한 효과를 준다. 행복감이 순간적으로 커져서 역치가 너무 높아져 버리는 것이다. 처음 그 지점에 달성한 시점의 도파민은 그 후에 비슷한 돈을 벌어도 채워지지 않는다. 150억 원을 벌었다가 50억 원을 날려 100억 원이 남게 된 사람은, 다시 50억을 더 번다고 해도 처음과 같은 기쁨이나 행복을 느끼지 못한다는 것이다. 삶에서 도파민을 만들어 낼 건강하고 새로운 자극들을 능동적으로 좇아야 하는 까닭이다. 즉, 돈을 더 압도적으로 벌어 성취감을 느끼거나, 돈 외의 다른 것에서 찾아내야만 한다는 것이다.

더불어 시간의 자유를 능동적으로 채워나가는 능력은 필수다. 시간을 온전히 능동적으로 사용해보지 않은 대부분의 사람들이 부자가 되었을 때 필연적으로 겪게 되는 문제다. 평생 '돈'이라는 주요 과제만을 위해 살아온 탓에 돈 문제가 해결된 '이후의 삶'에서 무엇을 추구해야 할지 모르는 상황에 놓이는 것이다. 인생에는 '돈' 말고도 성취할 수 있는 것이 너무나 많다. 하지만 모든 생각의 중심에 '돈'이 존재한다면, 그 이면에 있는 더 중요한 것들을 놓칠 수밖에 없다. 그래서 돈을 배제하고 스스로 무엇을 궁극적으로 원하는지에 대한 깊은 고민이 늘 필요한 것이다.

대부분의 사람들이 큰돈을 벌고 싶어 하는 이유는 '일하지 않기 위해서'다. 하지만 돈을 많이 번 사람들이 일로 다시 돌아가는 경우는 생각보다 많다. 돈이 부족해서가 아니라 본인의 행복을 찾기 위해서다. 돈을 벌었다고 해서 반드시 새로운 사업을 시작해야 하는 것도 아니며, 본인의 성향에 맞게 일반적인 직장에 들어가 일하는 사람도 적지 않다. 행복하고 알차게 사는 사람들은 종종 "힘든데 행복하다"라고 말한다. 본인이 하는 일에 재미를 느끼고, 재능이 있고, 그 일이 돈까지 된다면 정말 축복받은 일이다. 일하는 과정 자체에서 행복을 느끼는 가장 이상적인 형태인 것이다.

일에서 행복을 찾는 것이 누군가에겐 당연한 얘기지만, 또 누군가에겐 판타지와 같은 얘기다. '모든 일에서 행복을 찾을 수 있다'고 말하는 건 '모든 게임을 재미있게 할 수 있다'는 말과 같다. 누군가에겐 모든 게임이 재미있게 느껴질 수도 있지만, 또 누군가에겐 재미있는 게임을 찾는 게 힘들 수도 있다. 설령 세상에서 가장 재미있는 게임이 있다고 해도, 게임 자체를 싫어하는 사람에겐 어쩔 도리가 없다.

특히 독자들 가운데 가만히 있는 걸 좋아하는 성향의 사람들은 '일하는 과정 자체에서 행복을 느낀다'라는 문구에 충격을 받을지도 모른다. 하지만 아무것도 하지 않는 것이 주는 평온함과 행복감은 그리

오래가지 않는다. 사람마다 정도의 차이는 있겠지만, 충분한 시간을 백수로 보내고 나면 슬슬 노는 것도 지겹고 재미없어지기 마련이다. 아무것도 안 하며 가만히 시간을 보내다 보면 스스로 점점 쓸모없어지는 기분까지 든다. 할 일이 있는데 안 하고 있는 게 즐거운 것이지, 할 일이 아예 없는 건 그리 즐거운 일이 아니다. 물론, '일하지 않는 상태'를 오랫동안 유지하면서도 행복하고 알차게 사는 지인도 있다. 그 사람은 일하지 않을지언정 가만히 있지는 않는다. 노는 행위도 마치 일처럼 프로페셔널하게 한다. 취미로 스키를 타더라도 강사 자격증을 딸 정도로 몰입하고, 달리기를 취미로 두면 하프 마라톤을 완주하기도 한다. 누가 옳고, 누가 그른지 명확히 말할 수 없는 까닭이다.

재미있고 행복한 일을 찾을 수만 있다면 좋겠지만, 아무리 찾아도 재미있게 할 만한 일이 없다고 느껴질 때는 '잘하는 일'을 먼저 찾는 것이 좋다. 재미있는 게임도 잘하지 못하면 재미가 없는 법이다. 잘하는 축에 속한다면 적어도 '이기는 재미'는 느낄 수 있다. 어차피 일을 해야 하는 거라면, 남들보다 조금 더 잘하는 일을 해야 그 결과에서 오는 행복을 맛볼 수 있다.

회사에 다니며 자산을 크게 이루었지만, 퇴사하지 않고 그 회사를 계속 다니는 사람들도 주변에 많다. 이런 사람들은 회사의 장점을 '돈

버는 것'에 두지 않는다. 사실 회사가 주는 돈만 봤을 때는 베네핏이 적을 수 있지만, 하는 일 자체에서 만족감을 느끼고 회사 안에서도 얼마든 꿈을 펼칠 수 있다고 생각하는 사람도 있다. 회사 내에서의 인정, 직무 만족도, 회사 동료들과의 관계를 돈보다 훨씬 중요한 가치로 여기는 것이다. 또한, 직장을 계속 다니는 유형의 경우 스스로 사업을 일궈내는 것보다 사업을 하는 사람들이나 지인들을 돕는 편이 본인의 강점을 더 살리는 포지션이라고 생각하는 경우도 많다. 사업을 하며 새로운 시스템을 구축하는 것에 강점이 있는 사람이 있고, 만들어진 시스템을 더 잘 돌아가게 하는 것에 강점이 있는 사람이 있는 것이다. 그렇기 때문에 '회사에 다니는 건 무조건 안 된다', '자본주의의 노예가 되어서는 안 된다' 등의 생각은 회사와 일의 가치를 오직 돈으로만 보는 발상일 수 있다.

회사가 주는 가치는 퇴사 후 밖에서 봐야 더 명확하게 보인다. 회사에 다니는 많은 사람들이 공감하겠지만, 당장은 좋은 점보다 나쁜 점이 더 명확하게 보인다. 어쩌면 가지고 있는 것에 대한 익숙함이 '돈'이 아닌 '회사'에도 적용되는 것이다. 대학생 때 누구나 원하는 유수의 '금융 공기업'에 짧게 다녀볼 기회가 있었다. 대학생 입장에서는 누구나 들어가고 싶은 직장 중 하나일 정도로 인기가 높은 곳이었다. 원하는 미래가 여기 있을 거라는 설레는 마음으로 출근했다. 그곳에서 5년 이상 근무한 과장, 차장님들에게 이 회사에 대해 어떻게 생각하느냐고 물었다. 내가 꿈꿔온 미래를 실제로 살고 있을지도 모르는 사람들에게 직접 그 감상을 듣고 싶었기 때문이다. 그분들의 대답은 놀랍게도 "더 좋은 회사를 가라", "이 회사만큼은 오지 마라"였다. 시간이 더 지나고 보니 대기업 직장인도, 공무원도 다 마찬가지였다. 오로지 "이 회사는 힘들다"는 이야기뿐이었다.

사람의 신용 측면에서 전문직종이나 회사의 간판이 주는 인정은 매우 명확하다. 막상 돈을 많이 벌고, 밖에서 홀로서기를 해보면 '타인의 인정'이 생각보다 먼 곳에 있다는 걸 알게 된다. 회사 밖에 나가는 순간부터 스스로의 가치를 증명하기 위해서는 더 명확하고 확실한 것들을 많이 만들어내야 한다. "당신은 무슨 일을 하는 사람인가요?"라는 질문에 "아 저는 의사예요", "변호사입니다", "삼성전자 다니고 있어요"라고 말하면 부가적인 설명이 필요 없어진다. 그런데 회사를 다니지 않으면 스스로의 명함을 스스로가 만들어내야 한다. 자산이 100억 원인 백수에게 무엇을 하는 사람이냐고 물었을 때 "저는 100억 원이 있어서 그냥 백수로 지내는 돈 많은 백수예요"라고 대답하기는 어렵다. 이것은 회사에 다니다가 밖으로 나오게 되었을 때 본격적으로 체감할 수 있는, 회사가 주는 꽤 즐거운 '베네핏'이다.

업무적 성취에서도 회사가 주는 효과는 크다. 회사에서의 성취는 회사 내 여러 집단에게도 인정받으며, 회사 외의 집단에서도 '그 회사'가 주는 직함의 후광은 분명히 존재한다. 이를 개인의 성취로 이어가는 게 충분해 회사에 남는 사람이 있는가 하면 회사를 나간 이후 정작 본인에게 맞는 일을 찾지 못해 헤매는 경우도 많이 봤다. 그래서 회사를 그만두지 못하거나 회사로 다시 돌아가는 부자를 여럿 알고 있다. '안정감' 측면에서도 회사를 생각해볼 수 있다. 회사를 나서는 순간부터 거의 모든 소득은 비정기 소득에 속하게 된다. 사업이 잘되어 큰 수익을 보더라도, 투자를 잘해서 큰 수익을 내더라도 그것은 대부분 일정한 소득이 아니다. 즉, '잘 되다가, 잘 안 되다가'를 반복한다는 것이다. 회사에서 주는 소득은 나의 시간과 급여를 등가교환한다. 이는 매우 명료한 베네핏이다.

생각해보면 회사는 굉장히 좋은 학교이기도 하다. 돈을 받으면서 동시에 배울 수 있는 곳이기 때문이다. 학교나 사업은 자신의 돈을 써가면서 배워야 하지만 회사에서는 돈을 받으면서 배울 수 있다. 무엇을 배워가느냐는 사람의 성향과 직업에 따라 달라지겠지만, 만약 여러분이 지금의 회사에서 배워가는 게 없다면 '반쪽짜리 회사생활'을 하고 있다고도 볼 수 있다. 회사생활의 메리트는 '돈을 받으면서 배우고 성장할 수 있다는 것'인데, 그러지 못하고 그냥 돈만 받고 있다면,

회사가 주는 이익의 절반밖에 취하지 못하는 것이다. 이러한 이유로 회사에 다니고 있는 많은 이들에게 '돈을 제외하고 회사가 주는 좋은 점'에 대해 꼭 생각해보기를 권하고 싶다.

돈으로부터 해방되기 위해 '돈을 벌기 위한 노력'을 할 수는 있다. 하지만 돈을 버는 것은 다양한 운과 기회, 시간, 노력 등이 어우러져 만들어지는 것이다. 돈을 가장 우선순위에서 배제하고, 현재 다니고 있는 직장의 좋은 점들을 생각해본다면 분명 더 즐거운 마음으로 다닐 수 있을 것이다.

'돈의 결핍'이라는
함정

현대 사회는 끊임없이 비교와 경쟁을 부추긴다. 많은 이들이 매일 광고와 SNS를 통해 '더 많은 것을 소유해야만 가치 있는 삶을 살 수 있다'는 메시지를 접한다. 이 과정에서 돈은 도구의 범위를 넘어 사회적 인정의 기준으로 왜곡되기도 하고, 나아가 이 왜곡된 시선은 스스로를 가진 것에 만족하지 못하게 만들기도 한다.

돈은 우리의 삶을 풍요롭게 만드는 도구이지만, 반대로 우리를 벗어나기 어려운 굴레로 밀어넣기도 한다. 바로 '돈의 결핍'이라는 굴레다. 돈의 결핍은 절대적인 돈의 액수의 문제가 아니라, '가진 돈'과 우리가 '원하는 돈' 사이의 간극을 말한다. 이 간극은 자산의 크기와 무관하기에 누구에게나, 또 언제든 나타날 수 있다. 자신이 '원하는 만큼'의 돈을 가지지 않는 이상 없어지지 않기 때문이다. 문제는 이 '원하는 만큼'이라는 기준도 절대적이지 않으며, 한없이 올라갈 수 있다는 것이다. 자산이 증가할수록 우리의 욕망도 함께 커지며, 원하던 목표를 달성한 순간 새로운 목표가 생긴다. 이는 인간의 본성에서 비롯된 자연스러운 현상이지만, 동시에 돈의 결핍을 끊임없이 느끼게 만드는 요인이기도 하다.

예를 들어 처음 목표가 1억 원이었다면, 그 목표를 달성했을 때의 기쁨은 매우 클 것이다. 하지만 달성한 1억 원을 통해 이내 더 큰 자산을 갈망하게 될 것이고, 그 목표를 위해 노력하면서 원래 목표의 10배인 10억 원 이상의 자산을 원할지도 모른다. 만약 그 10억 원 이상의 목표를 달성한다고 해도 처음에는 만족스럽겠지만, 익숙해지는 순간 더 큰 자산을 원하게 될 것이다. 인간이 체감하는 부는 늘 상대적이기 때문이다.

만약 같은 사람이 1억 원으로 시작해 10억 원을 달성했을 때의 감정과 1억 원에서 100억 원까지 도달했다가 다시 10억 원으로 돌아오게 됐을 때의 감정은 또 어떻게 다를까? 후자의 경우 10억 원이라는 동일한 금액이 있어도 결핍을 느끼게 될 것이다. 예컨대 누군가 매수한 테슬라Tesla의 주식이 호재를 만나 처음 800달러를 찍는다면 굉장히 기쁠 테지만, 1,200달러까지 갔다가 800달러로 급락하는 걸 목격한다면 그 사람은 800달러를 보고도 더는 행복해하지 않을 것이다. 행복은커녕 오히려 불만과 불안에 떨지도 모른다. 한 번 큰 금액을 맛본 사람은 그것을 절대 잊지 못한다. 어른들이 종종 '자신이 가장 많은 돈을 벌었을 때'를 회상하는 것도 그런 이유에서다.

이처럼 돈에 대한 감각은 절대적인 금액과 상관없이, 경험과 비교를 통해 형성된다. 큰 금액의 돈을 만져볼수록 우리는 더 많은 기회를 보게 되고, 더 큰 가능성을 상상하게 된다. 이러한 가능성은 우리의 목표를 더욱 높게 설정하게 만들지만, 동시에 현재 가진 자산을 끊임없이 부족하다고 느끼게 만든다. **이에 대한 해결책은 돈의 결핍이 단순히 '물리적 부족'이 아니라 '심리적 부족'에서 비롯된다는 걸 깨닫는 것에서 출발한다.** 돈의 결핍에서 벗어나는 열쇠는 돈의 양과 같은 외부요인에 있지 않으며, 스스로의 내부요인에서 찾아야 한다. 욕망을 통제하고 가진 것에 만족할 수 있는 태도, 즉 돈을 대하는 자세와 돈에 대한 철학이 제대로 잡혀 있어야 한다는 것이다.

돈의 양이나 액수에 대한 생각을 멈추는 대신 그만큼의 돈이 자신에게 무엇을 가져다줄 것인지, 그만큼의 돈으로 무엇을 이루고 싶은 지 그 본질적인 목표에 더 집중해야 한다. 돈이 없다고 그 목표를 달 성할 수 없는 것도 아니고, 돈이 생긴다고 그 목표가 수월하게 달성되 는 것도 아니다. 돈의 양은 이리저리 바삐 움직인다. 하지만 돈이 가 져다주는 '시간적 자유', '배움', '나눔'과 같은 가치는 잘 움직이지 않 는다. 통제할 수 없는 것에 기분과 성과가 좌우되는 삶은 생각만 해도 피곤하다.

돈이 인생의 가장 큰 무기가 되어버리면, 지금 가진 돈으로 할 수 없는 것이 생길 때 큰 압박과 스트레스를 받게 된다. 같은 목적을 다 른 방법으로 이룰 수 있는데도 굳이 다른 방법을 찾지 않고, 더 많은 돈을 써서 어떻게든 돈으로 해결하려 든다. 그동안 인생의 수많은 것 들이 돈으로 해결되는 경험을 해왔고, 그 경험이 주는 편안함을 누구 보다 잘 알고 있기 때문이다. 돈으로 살 수 없는 것들은 역설적이게 도 돈 없어도 가질 수 있는 경우가 많다. 가족과의 신뢰, 인간관계, 사 랑 등은 돈으로 살 수 없지만, 돈이 없어도 충분히 얻을 수 있는 것들 이다.

이런 걸 돈으로 해결하려는 것에서부터 불행은 시작된다. 돈 없이 당장 실천할 수 있는 노력은 게을리하고, 뒤늦게 돈으로 메꾸려고 하면 돈도 잃고 모든 관계도 망가진다. 결국, 돈의 굴레에서 벗어나지 못한다면 더 중요한, 더 많은 가치를 놓치면서 살아가게 될 것이다.

Chapter 4

해방자의
조건과
특징

FINANCIAL INDEPENDENCE: RELEASE ECONOMIC DOMINION

돈과 행복의
두 가지 축

"돈은 숫자에 불과하지만, 끝이 없기에 거기서 행복을 찾을 수 없다."

"Money is numbers and numbers never end.

If it takes money to be happy, your search for happiness will never end."

– 밥 말리|Bob Marley

'삶'과 '행복'은 우리가 가진 돈의 양에 큰 영향을 받는다. 그러나 돈의 액수만 가지고는 설명할 수 없는 관계들이 존재한다. 돈이 많아도 불행하게 시체처럼 사는 사람들이 있고, 돈이 없어도 행복하고 활기차게 사는 사람들이 있다. 분명, 다른 요인이 작용한다는 뜻이다.

사람들은 단순히 돈의 '많고 적음'을 가지고 서로를 부자와 빈자로 구분한다. 부자의 특징과 빈자의 특징을 살피며 열심히 공부하기도 한다. 그러나 모든 부자들이 돈에 대한 올바른 철학과 마인드를 가지고 있는 것은 아니다. 돈에 대한 인식 수준이 반드시 돈의 양과 비례하지는 않기 때문이다. 전래동화《흥부와 놀부》에 빗대 설명하면 이 세상에는 '돈은 많지만 돈에 얽매여 살아가는 놀부'가 존재하고, '돈은 없지만 돈에 얽매여 살아가지 않는 흥부'도 존재한다. 우리가 추구해야 하는 것은 가진 돈도 많고 돈에 얽매여 살아가지도 않는, 흥부와 놀부의 장점을 합친 '어딘가'다.

우리는 보통 돈의 양에 따라 '돈이 많은 사람'과 '돈이 적은 사람'을 '부자'와 '빈자'로 나누는 하나의 축만 생각한다. 부자에 가까워질수록 대체로 행복도가 커지고, 빈자에 가까워질수록 대체로 행복도가 낮아진다. 여기에 '돈에 집착하지 않는 사람'과 '돈에 휘둘리는 사람'을 '해방자'와 '종속자'로 나누는 하나의 축을 더해보자. 역시 해방자에 가까워질수록 행복도는 커지고, 종속자에 가까워질수록 행복도는 낮아진다. 이 둘을 합치면 돈의 양을 뜻하는 외부요인과 그 돈을 인식하는 내부요인으로 구성된 2차원의 그래프가 그려진다. 이 그래프가 중요한 이유는 우리의 방향성이 바로 이 그래프에서 시작하기 때문이다.

돈에 대한 두 개의 축, 대부분의 사람들은 웬만하면 저기 회색 부분에 있다 >>>

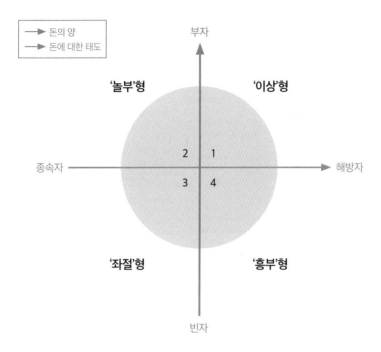

그래프를 다시 4개의 면으로 나눴을 때, 오른쪽 위에 있는 1사분면 은 '이상'형이다. 부자이자 해방자, 돈이 많고 돈에서 해방된 집단이 다. 돈의 양과 상관없이 내적 자유를 누리는 '이상적인 상태'인 것이 다. 경제적으로 풍족하면서도 돈에 의존하지 않고, 삶의 가치를 진정 으로 즐길 줄 아는 사람이 이 그룹에 속한다. 이 그룹의 행복도는 보 통 네 개의 유형 중 가장 높고 안정적이며, 돈을 버는 속도는 '중간에 서 빠른' 정도다. 이미 돈이 많고, 돈에서 해방된 상태이기 때문에 돈을 벌어야겠다는 압박감은 없다. 장기적인 시야를 갖고 새로운 가치 창출과 삶의 질 향상을 중심으로 투자와 사업을 하다 보면 알아서 부가 창출되는 경우가 많다. 돈에 집착하지 않아도 꾸준히 돈이 따라오는 것이다.

왼쪽 위에 있는 2사분면은 '놀부'형이다. 부자이자 종속자, 그러니까 돈이 많지만 돈에 종속된 부류다. 이들은 부유하지만 돈에 집착하거나 돈의 영향에서 벗어나지 못한다. 물질적으로는 풍족하나 더 많은 돈을 쫓기 위해 다른 가치를 포기하거나 돈 때문에 불행감을 느끼는 사람들이 이 그룹에 속한다. 이 그룹이 돈을 버는 속도는 네 개의 유형 중 '가장 빠른' 경우가 많다. 이미 보유한 자본을 기반으로 공격적인 태도로 '돈이 되는 일들'을 찾아다니기 때문이다. 지속적으로 돈을 벌어야 한다는 압박감은 수익 창출 속도를 강력하게 늘려주기도 하지만, 동시에 불필요한 리스크를 안겨주기도 한다. 따라서 단기적으로 빠르게 돈을 벌 수는 있지만, 돈에 대한 심리적 의존이 높아질수록 장기적 안정성은 낮아질 가능성이 크다. 또 모종의 이유로 돈을 벌지 못하거나 잃어버리게 되었을 때의 타격도 그만큼 크게 받는다. 행복도는 중간 정도다. 돈은 많지만, 돈의 결핍에 대한 두려움 때문에 삶의 질이 떨어질 가능성이 크다. 돈이 자존감을 좌우하기 때문에 상대적으로 행복도가 낮다.

왼쪽 아래에 있는 3사분면은 '좌절'형이다. 빈자이자 종속자, 가진 돈이 적고 심리적으로도 돈에 종속되어 있는 상태다. 경제적으로 부족하고, 돈의 부족함으로 인해 지속적으로 스트레스를 받는다. 하루하루의 생계를 걱정하며 돈의 결핍에 갇힌 사람들이 이 그룹에 속한다. 이 그룹이 돈을 버는 속도는 대체로 느리다. 실패를 경험하기 힘든 경제적 환경 탓에, 다양한 수익 창출 기회를 놓쳐버리기 때문이다. 현재의 상황을 타개하고 싶다는 생각으로 꽉 차 있지만, 괜한 시도를 했다가 얼마 안 되는 돈마저 잃을 수 있다는 심리적 압박을 크게 받는다. 이를 극복할 수 있는 능력이나 전략이 부족한 경우가 많아 돈을 벌기 위한 뾰족한 수를 내지 못한다. 단기적인 생계에 급급하며, 돈에 대한 불안감 때문에 장기적인 투자를 시도하기 어렵다. 스트레스와 불안으로 인해 '진짜 능력'을 발휘하지 못하는 경우도 많다. 돈이 없고, 동시에 돈에 종속된 상태이므로 행복도가 가장 낮다. 경제적 결핍과 심리적 불안이 맞물려 스스로를 부정적으로 인식하게 될 가능성이 크다.

오른쪽 아래에 위치한 4사분면은 '흥부'형이다. 빈자이자 해방자, 가진 돈은 적지만 돈에서 해방된 사람들의 그룹이다. 물질적으로 풍족하지 않더라도 내적으로는 자유롭다. 소박하게 살면서도 행복과 자율성을 추구하는 사람들이 여기에 속한다. 이들은 경제적인 부족함이 삶의 질을 크게 좌우하지 않는 방식으로 살아간다. 욕심 없이 꾸준히 자신의 능력을 발휘하여 돈을 벌며, 단기적인 속도보다는 지속 가능성에 초점을 맞춘다. 특색 있고 소박한 생활 방식을 추구하며, 적정한 수입으로도 충분히 만족한다. 이 그룹이 돈을 버는 속도는 '느림에서 중간' 정도다. 이로 인해 경제적 안정감은 상대적으로 '이상'형보다는 떨어진다. 애초에 가진 자본이 적고, 돈 자체가 삶의 핵심이 아니기에 빠르게 돈이 모이지는 않는다. 하지만 본인이 가진 능력을 온전히 발휘하는 경우가 많기에, 좋은 기회를 잡으면 빠르게 돈을 벌게 되기도 한다. 돈이 많지 않더라도 삶에 대한 긍정적 태도를 지니고 있어 행복도가 높다. 돈이 아니라 자신만의 가치 있는 삶에서 만족감을 얻는다.

돈과 행복의 유형별 관계 ⟫⟫

유형	돈을 버는 속도	행복도	안정감
1사분면: '이상'형	중간에서 빠름	높음	높음
2사분면: '놀부'형	빠름	중간	낮음
3사분면: '좌절'형	느림	낮음	낮음
4사분면: '흥부'형	느림에서 중간	높음	중간에서 높음

위 4개의 사분면 중 여러분이 현재 어디쯤 속해 있는지 표시해보자. 같은 사분면 안에서도 넓은 스펙트럼이 존재하며 이분법적으로

부자와 빈자, 해방자와 종속자로 모든 사람을 분류할 수는 없다. 어느 유형에도 100% 들어가지 않는 그래프 정중앙에 위치할 수도 있다. 현재의 위치를 표시했다면 앞으로 어떤 포지션으로 움직이고 싶은지 목표점 또한 표시해보자. 그러면 돈에 대해 내면의 방향성을 어떻게 가져야 할지 대략적인 윤곽을 짠 셈이다.

개개인이 가진 '돈의 양'은 완벽히 컨트롤하기 어려운 '외부요인'이다. 돈은 마음먹은 대로 벌 수 있는 것이 아니기에, 바꾸기 어려운 그래프를 자꾸 들여다봤자 스트레스만 받는다. 하루빨리 부자가 되어 행복한 삶을 살고 싶은데, 그에 대한 답을 도무지 찾을 수 없다는 것이다. 그런즉, 대부분의 사람들이 먼저 노려야 하는 것은 '부자'가 아닌 '해방자'다. 외부요인인 '돈의 양'보다 컨트롤하기 쉬운 것이 내부요인인 '돈에 대한 마인드'이기 때문이다. 부자와 빈자는 선택하기 어렵지만, 해방자와 종속자는 우리 스스로 선택할 수 있다. 궁극적으로는 1번 화살표(돈의 양만 늘어나는 방향)가 아니라 2번 화살표(돈의 양도 늘어나고 해방자에도 가까워지는 방향)의 방향성을 추구해야 한다는 것이다.

돈이 없는 사람이라면 부자가 되는 것보다 해방자의 마인드를 가지는 것이 삶의 만족도를 더 빠르게 끌어올릴 수 있다. 이미 돈이 많은 사람 역시 돈을 웬만큼 더 많이 벌어서는 행복도를 올리기 어려우므로 해방자의 마인드를 가져야 한다. 어찌 되었든 **삶의 행복도를 올리는 가장 좋은 방법은 해방자의 마인드를 가지는 것이며, 해방자의 가장 중요한 조건은 돈의 결핍에 흔들리지 않는 것이다.** 돈은 언제든 부족할 수 있다. 이 세상은 값비싼 것들로 넘치며, 절대적인 부란 있을 수 없다. 세상에서 가장 큰 부를 가지지 않고서는, 자신보다 더 부자인 사람들은 언제나 존재한다. 중요한 것은 돈이 부족하다는 사실에 결핍을 느끼지 않는 것이며, 나아가 모든 선택과 의사결정에 돈을 최우선 가치로 두지 않는 것이다.

물론, 의사결정에 돈을 최우선 가치로 두지 않으려면 돈이 많아야 한다. 돈이 많을수록 돈이 의사결정에 끼치는 영향이 줄어들기 때문이다. 그렇다고 반드시 돈이 많아야만 하는 건 아니다. 앞서 얘기한 《흥부와 놀부》 이야기처럼, 돈이 없는 사람이라고 해도 엄청난 양의 돈이 주어졌을 때 당장 삶의 선택이 바뀌지 않는다면 의사결정이 돈에 휘둘리지 않는다는 증거가 될 것이다. 돈을 벌기 위해서 시간을 팔수는 있어도, 오직 그것만을 삶의 목적으로 두지 않는 태도다. 돈을 아무리 많이 벌어도 회사는 그대로 다니겠다고 말하는 사람들을 주변에서도 종종 볼 수 있지 않은가?

반대로 돈이 많은데도 항상 돈에 휘둘리고 돈이 줄어드는 것을 불안해한다면, 그는 돈의 결핍에 흔들리는 종속자에 가까운 사람이다. 돈은 삶을 윤택하게 해주는 수단이지, 삶의 목적 자체는 아니기 때문이다. 돈의 양을 삶의 최종 목표로 설정하면 끊임없는 불안과 결핍에 시달리게 된다. '완벽한 재정적 안정'은 어디에도 존재하지 않으며, 돈이 많아지는 속도는 욕심이 커지는 속도를 결코 추월할 수 없다. 한 국가의 왕이라 할지라도 본인이 하고 싶은 걸 다 하기엔 돈이 부족하다고 느낄 것이다.

이 글을 쓰는 우리 역시 돈의 구속에서 완벽히 벗어난 해방자가 아니다. 운 좋게 젊은 나이에 큰돈을 벌게 된 것을 계기로 '부자의 삶'의 한계를 깨닫고, '해방자의 삶'을 추구하는 사람 중 하나다. 또한 우리와 비슷한 생각을 가지고 비슷한 길을 걷고자 하는 사람들에게 우리가 실천하고 있는 '돈의 결핍에 흔들리지 않는 몇 가지 방법'을 제시하고자 한다.

해방자는 단순히 돈에 얽매이지 않는 사람이 아니다. 생각이란 걸할 필요가 없게 해주는, 어떻게 보면 편리하다고까지 할 수 있는 돈의 구속에서 벗어나 자기 주도적이고 능동적인 삶의 방식을 만들어가는 사람이다. 돈은 우리를 지배하는 일차적인 구속일 뿐이다. 돈의 구속에서 벗어나기 위한 조건을 갖추다 보면 남들과의 비교, 수동성, 부정적 마인드 등 자신의 발목을 잡는 여러 구속에서 자연스레 벗어날 수 있다. 이는 해방자의 삶을 추구해야 하는 까닭이기도 하다.

자존감의 포트폴리오를 다각화하라

여러분이 지금껏 쌓아온 '경험 및 네트워크'를 잃는 것과 '지금껏 모아둔 돈'을 잃는 것을 비교해보자. 무엇을 잃는 게 더 무서울까? 평생 자신의 능력을 갈고닦아온 사람이라면 전자가 더 무서울 것이고, 스스로 지금 가진 돈을 다시 벌 수 없다고 생각하는 사람이라면 후자가 더 무서울 것이다. 구체적인 조건에 따라 차이가 있겠지만, 이 질문을 통해 현재 내 상황이 어느 쪽에 더 가까운지 대략적인 감을 잡을 수는 있다.

만약 여러분이 하나의 회사라면, 여러분의 시가총액이 얼마쯤 될 거라 생각하는가? 삶에서 스스로를 인식하는 기초는 '자존감'으로 드러난다. 여기서 말하는 자존감은 '나'라는 사람을 구성하는 여러 가치의 '총합'이다. 여러분 스스로를 하나의 회사라고 생각하고 그 회사에 스스로 회계 감사를 실시한다면, '자산' 부분에 들어가는 것들이 여러분의 자존감을 구성할 것이다. 그 자산은 돈이나 부동산 같은 물질적인 자산일 수도 있고 개개인의 능력, 지식, 경험, 건강 같은 무형의 자산일 수도 있다. 이렇게 구성된 자존감은 여러분의 내적 강인함 또는 기초 체력, 돈을 품을 수 있는 기반이 되어준다. 이는 긍정적 에너지의 원천이 되기도 하다.

자존감을 구성하는 포트폴리오는 사람마다 다르다. 누군가는 본인이 가진 돈이 자존감의 대부분을 차지할 수도 있고, 또 누군가는 그것을 본인의 능력에 기반할 수도 있다. 여러분이 30년간 투자나 사업을 해오며 큰돈을 벌었다고 가정해보자. 그랬을 때 만약 지금의 능력을 그대로 지닌 채 30년 전으로 돌아간다면 좌절할 것인가? 그동안 벌었던 돈을 처음부터 다시 벌 수 있는 능력이 있고, 본인의 자존감이 그 능력에 기반한다면 여러분은 가진 돈을 다 잃는다고 해도 자존감을 잃지 않을 것이다. 이러한 사람은 현재 가진 돈에 집착할 필요가 없다.

반대로 자기 자신을 믿지 못하는 사람은 결코 돈에 대한 집착에서 벗어날 수 없다. 타인에게 가장 내세우기 쉬운 물질적 가치 중 하나가 돈이기 때문에, 스스로 내세울 것이 없는 사람은 돈에 대한 집착을 내려놓기 힘들다. 결국, 우리가 돈에 집착하는 근본적인 이유는 '스스로에 대한 믿음이 부족하기 때문'이다. 자존감의 포트폴리오가 돈에 치중되어 있으면 돈에 휘둘릴 수밖에 없다. 아무리 자존감이 높은 사람이라도, 자존감의 90%가 본인이 가진 돈에 있다면 그 사람의 자존감은 '돈의 결핍'에 굉장히 취약하다고 볼 수 있다. 돈이 없어지면 자존감이 떨어지고, 제대로 된 판단을 할 수 없게 되는 것이다. 성취할 수 있는 능력이 스스로에게 없다면 '다른 무언가'에 기댈 수밖에 없다.

하루 8시간 이상 성실하게 일하는 능력, 창작하는 능력, 기획하는 능력, 꾸준히 해내는 능력, 누군가를 즐겁게 하는 능력, 타인에게 호감을 주는 내외적 매력이 없는 사람에게 어느 날 엄청난 금액의 돈이 주어졌다고 가정해보자. 누군가는 부러워할 테지만 과연 그가 갑작스럽게 주어진 큰돈에 의탁하지 않고, 돈이 아닌 '자신'만을 의지하며 살아갈 수 있을까? 10억 원을 벌었을 때 자존감 대부분이 그 10억 원에 기반한다면, 그 사람의 그릇에는 10억 원까지만 담을 수 있다. 만약 1조 원을 벌었어도 자존감의 대부분이 그 1조 원에서 나오지 않는다면, 그 사람은 1조 원 이상을 담을 수 있는 그릇을 갖고 있는 셈이다.

결국, 자존감의 강약보다는 스스로의 자존감이 어떻게 구성되어 있는지를 알고, 자존감의 포트폴리오를 다각화하는 게 중요하다. 자존감을 돈으로 채우는 것이 아니라, 흔들리지 않는 자신만의 단단한 무언가로 채우는 노력을 해야 한다. 능력, 성취 경험, 주변 사람들의 인정과 평판 등으로 말이다. 가장 중요한 것은 '능력'과 '능력에 대한 자신감'이다. 긍정적 에너지는 인생을 살면서 꾸준히 축적해온 '성취 경험'과 그로 인해 높아진 자존감과 자신감에서 나온다. 지속적인 성취를 통해 자존감과 자신감의 고점을 갱신해나가는 것이 그 비결인 것이다. '해방자'는 자신의 내외적 가치를 사랑하며, 작고 큰 성취를 지속해나간다. 스스로 해낼 수 있다는 자신감이 본인 스스로를 '뭔가를 이뤄낼 수 있는 사람'으로 인정하며, 더불어 오늘 하루의 고됨이 더 멋진 내일의 나를 만든다는 희망을 품고 있다.

테슬라와 현대자동차의 매출과 순이익을 비교해보자. 현대자동차의 2024년 3분기 매출은 42조 원, 순이익은 3.2조 원이다. 테슬라의 2024년 3분기 매출은 33조 원, 순이익은 2.9조 원이다. 이것만 보면 현대자동차의 시가총액이 테슬라보다 높을 거라고 생각할 수 있다. 하지만 실제 현대자동차의 시가총액은 44조 원, 테슬라의 시가총액은 1,500조 원이다. 150조 원이 아니라 1,500조 원이다. 비슷한 매출과 순이익을 낸 두 회사의 시가총액이 이렇게나 많이 차이 나는 이유는 미래에 대한 기대감 때문이다. 회사의 가치에는 '현재 창출하고 있는 가치' 외에 '미래에 창출할 가치'에 대한 기대도 포함되어 있다. 여러분 스스로 평가하는 여러분의 가치, '자존감'도 비슷하다. 여러분이 생각하는 '스스로의 성장 가능성'이 크면 클수록 자존감도 함께 커진다. 능력을 키우고 능력에 대한 자신감을 축적해나가면, 물리적인 자산과 상관없이 흔들리지 않는 자존감을 만들 수 있다.

주변 환경과 주변인도 중요하다. 자존감의 포트폴리오를 다각화하는 노력은 결국 혼자만의 힘으로 완성되기 어렵기 때문이다. 회사도 시장에서 기업가치를 인정받아야 하듯, 우리도 주변 사람들에게 가치를 인정받음으로써 자존감에 대한 확신을 가질 수 있다. 만약 여러분의 성취를 진심으로 축하해주고, 어려울 때 손 내밀어주는 사람이 주변에 한 명이라도 있다면 일단 성공이다. 그것이 연인일 수도 있고, 가족일 수도 있고, 친구일 수도 있을 것이다. 이런 사람들이 여러분의 자존감에 끼치는 영향은 생각보다 크다. "내가 괜찮은 사람이구나" 하는 확신을 만들어주고, 그 확신을 통해 보다 나은 사람이 되고자 노력할 수 있다.

여러분이 믿고 따르는 롤 모델이 있다면, 미래 성장 가능성은 더 커진다. 회사도 마찬가지다. 성공의 길을 먼저 걸었던 회사를 벤치마킹

하면 시행착오를 줄이고 성공 확률을 급격히 올릴 수 있다. 롤 모델의 건설적인 조언은 성장의 방향성을 잡는 데 많은 도움이 되며, "저 사람도, 저 회사도 저렇게 성장했는데 나라고 못 할 거 없지"라는 마인드로 자존감의 기저를 단단히 다질 수 있다.

반대로 여러분을 롤 모델로 생각하고 따르는 사람이 있다는 것도 좋은 일이다. 우리는 유튜브 채널 운영, 도서 집필, 강연, 여러 모임 활동을 하며 수많은 메일과 메시지를 통해 우리를 롤 모델로 생각해주는 분들이 많다는 걸 알게 되었다. 우리가 하는 말과 행동들이 남들에게 좋은 자극을 준다는 것은 분명 강력한 내적 동기부여가 되며, 그들의 귀한 마음에 보답하기 위해서라도 더 열심히 살게 된다. **이 요소들이 우리의 자존감에 미치는 영향은 돈보다 훨씬 크다.** 즉, 돈을 통해 채웠던 자존감보다 타인에게 인정을 받거나 긍정적 영향을 주며 얻은 자존감이 훨씬 더 밀도가 높았다는 것이다.

최근에는 '타인의 인정'을 SNS에서 찾으려는 사람들이 부쩍 많아졌다. 'SNS 피드를 볼 때마다 나만 잘 못살고 있는 것 같고, 나만 불행한 것 같아 자존감이 떨어지는 경험을 했다'고 말하는 사람들도 늘어나고 있다. SNS에 보이는 사람들이 본인보다 더 화려하고 행복한 삶을 살고 있다고 생각할지 모르겠지만, 눈에 보이는 게 전부는 아니다.

여러분이 SNS상에서 보게 되는 사진들은 투자자에게 보여주는 '회사 소개서'처럼 가장 화려하고 좋아 보이는 부분만 발췌한 '환상'일 확률이 높기 때문이다.

실제 삶이 '생얼'이라면, SNS는 두꺼운 화장과 화려한 의상으로 치장한 '꾸밈'이다. 그 사람이 되어보지 않는 이상 실체를 알 수 없고, 그들도 여러분의 실체를 100% 알 수 없다. 이러한 구조로 볼 때, 서로 비교하는 것은 불가능하고 또 무의미하다. 그럴 시간에 자신의 성장 가치를 올리는 데 집중하는 편이 훨씬 낫다는 얘기다. SNS에 나타난 본인의 모습에 집착하는 것은 '낮은 자존감의 발현'이다. 예컨대 스스로 느끼는 본인의 가치보다 SNS에서 받는 남들의 평가가 후하기 때문에, SNS에서 얻는 인정에 중독되는 것이다. 이는 별 가치가 없는 기업이 장밋빛 미래를 그리며 본인들의 가치를 뻥튀기하는 것과 비슷하다.

본인의 가치를 인정받으려는 '인정 욕구' 자체는 삶의 좋은 동기부여 요소이지만, 일정 수준을 벗어나 본인의 실제 삶과 다른 모습을 무리해서 보여주려는 것은 건강하다고 보기 힘들다. 거짓된 삶을 살고 있다는 '죄책감'은 자존감을 지속적으로 갉아먹는 하나의 큰 요소이며, 이는 마치 '나'라는 기업을 운영하며 재무제표를 고의로 조작하는

'분식회계'와도 같다. 자존감이 높아 스스로 가치를 높게 평가하는 사람은 SNS에 쓸데없이 자랑하며 거짓된 모습을 보여줄 필요가 없다. 알짜 회사가 외부 투자자들에게 가치를 인정받으려 돌아다닐 필요가 없듯이 말이다. 진짜 알짜인 회사는 비상장주식으로 조용히 자기들끼리만 소유하고 있는 경우가 많다.

이렇게 자존감을 깎아 먹는 것들을 멀리하고, 스스로의 가치를 인정받고 긍정적인 피드백을 받을 수 있는 환경을 적극적으로 조성하다 보면 금세 탄탄한 자존감의 포트폴리오를 완성하게 될 것이다. 탄탄한 자존감의 포트폴리오를 가진 사람은 '돈의 결핍'뿐만 아니라 어떤 힘든 일이 있어도 흔들리지 않는 단단한 멘탈의 소유자가 된다. 그리고 이는 해방자의 두 번째 특징, '자기 주도적으로 인생을 설계해나가는 것'의 시작점이 된다.

사회가 정해준 길에서
자유로워져라

해방자는 자기 주도적으로 인생을 설계하고 실행한다. 자신의 능력, 지식, 경험, 인간관계 등 무형의 자산이 삶의 기반이 되기 때문에, 외부 환경의 변화에 쉽게 흔들리지 않는다. 안정적인 자존감에서 오는 안정된 심리 상태는, 자신만의 가치나 목표를 설계하는 데 필요한 긍정적 에너지를 제공한다.

해방자는 돈의 결핍이나 과잉에 흔들리지 않기 때문에 경제적 요소에 얽매이지 않고 의사를 결정한다. 나아가 선택의 기준이 타인의 시선이나 사회 통념에 있는 게 아니라 스스로의 가치관과 신념에 있다. 사회 통념에 종속되는 사람은 결국 다시 돈의 종속자가 될 수밖에 없으며, 이러한 구조적 이유로 해방자는 사회 통념에서 벗어나야만 '해방자로서의 삶'을 유지할 수 있다.

사람들은 타인의 시선 때문에 필요 이상으로 돈을 많이 쓰곤 한다. 몇천만 원이 드는 결혼식이 그 가장 큰 예다. 우리나라 사람들이 갑자기 타인의 시선을 신경 쓰지 않게 된다면 결혼식장의 절반은 망해버릴 것이다. 남들이 하는 만큼의 결혼식은 치러야 체면이 서기 때문에 인생의 성장판이 될 귀중한 거금을 하루 만에 날려버리기도 한다. '보여주기식'으로 불필요한 지출을 자꾸 만들게 되면 돈이 부족해지고, 곧 돈의 결핍에 집착하게 된다. 해방자는 돈에 대한 단기적인 집착이 없기에 더 큰 그림을 그리게 되고, 장기적인 행복과 만족을 얻는 인생을 설계하는 데 집중할 수 있다.

사회적 통념과 남들의 시선에서 벗어난다는 건 글로 읽고 상상하는 것보다 훨씬 어려운 일이다. 우리도 해방자의 삶을 추구하고 있지만, 아직 완벽히 벗어나지 못했다. 아마 완벽히 벗어난다는 건 영원히 불가능한 일일지도 모른다. 우리도 보통의 사람 중 한 명이기 때문이다. 우리가 아끼는 사람들과 완전히 다른 길을 걸어야 한다는 것도 장애물이다. 천편일률적인 한국 스타일의 결혼식이 '정답'이 아닌 것을 알고 있지만, 막상 우리가 결혼할 때 이를 완전히 벗어난 결혼식을 할 수 있을지는 여전히 의문이다. 만약 우리의 결혼 상대자가 사회 통념을 굉장히 중시하는 사람이라면, 합의점을 찾는 과정도 만만치 않을 것이다.

돈에 종속되지 않은 상태에서는 자신의 삶을 결정할 자유가 주어지지만, 동시에 이 자유를 어떻게 사용할지에 대한 책임도 따른다. 자유롭게 걸어갈 '각자의 길'은 오직 자신이 정해야 하기 때문이다. 자신만의 길을 찾지 못하는 사람은 가던 길을 멈추고 정체되거나, 다시 남들과 함께 사회가 정한 길을 걷는 수밖에 없다. 이는 단지 돈의 구속에서 벗어나기 위해서만이 아니다. 자기 주도적이지 않으면 외부의 목소리에 흔들려 또 다른 형태의 '종속'에 빠질 위험이 있다.

'돈을 따라가는 길'은 모두에게 일괄적으로 주어진다. 주어진 길이 아닌 다른 길을 걷고자 한다면, 가고자 하는 길과 그 결정에 대한 확신이 있어야 한다. 더불어 이러한 확신을 갖기 위해서는 깊은 성찰이 필요하다. 다행히 인생은 짧지 않고, 고민할 시간은 충분하다. 돈의 구속에서 해방된 해방자는 '얼마를 벌어야 하나'에 초점을 맞추지 않아도 된다. '어떤 삶이 나에게 의미가 있나'를 고민할 수 있는 여유가 생기기 때문이다. 그렇다면 해방자로서 자기 주도적 인생을 설계하려면 어떻게 해야 할까? 이 또한 우리 스스로를 하나의 기업에 빗대어 생각해볼 수 있다. 삶을 설계하는 과정은 마치 한 기업이 핵심 가치를 정립하고, 성장 전략을 수립하는 것과 비슷하다.

첫째, 가치의 우선순위 설정이다. 회사가 재무적 목표만 보지 않고 핵심 가치를 설정하고 브랜드 가치를 키우듯이, 여러분이 중시하는 인생의 가치를 주욱 적어보고 어떤 가치를 추구하고 싶은지 정해야 한다. 가치의 우선순위에는 정답이 없다. 우리와 같이 끊임없이 성장하는 인생을 추구하는 스타일도 있고, 인간관계와 사랑을 최우선순위로 두는 스타일도 있다. 예술을 통해 자신의 생각을 세상에 표출하기 위해 태어난 사람도 있을 것이고, 세상의 진리를 탐구하는 데 평생을 바치는 사람도 있다. 어느 것을 골라도 좋지만, 남들의 시선이나 사회 통념 때문이 아니라 '스스로의 목소리와 사명감에 따랐는지' 점검해 보는 것이 중요하다.

우리는 끊임없이 성장하는 삶과 더불어 '영향력'을 확장하는 삶을 추구한다. 우리와 함께 하는 사람들의 삶을 더 쉽고 더 행복하고 더 재미있게 만들고, 가능한 한 많은 사람에게 긍정적 영향을 줄 때 우리의 삶이 더 행복해진다는 것을 깨달았기 때문이다. 그래서 앞서 언급한 모임과 같이, 비슷한 고민을 공유하는 사람들을 모아 함께 문제를 해결하기를 좋아한다. 유튜브와 출판, 드라마 등 콘텐츠 분야에 목표를 두고 관심을 갖는 것도 콘텐츠를 통해 사람들에게 영향을 끼치고 가치를 전달하기 위함이며, 자본을 키우는 것도 결국 자본에서 나오는 영향력을 키우기 위함이다. 자본이 쌓이면 투자나 사업, 기부를 통해 세상에 긍정적인 영향을 끼칠 수 있다. 이렇게 가치의 우선순위가 정해지면 앞으로의 목표는 자연스럽게 정해진다.

갑자기 '가치' 같은 거창한 개념에 대해 생각하는 것이 생소할 수도 있다. 잘 되지 않는다면 다음과 같은 방법을 통해 찾아 나갈 수 있다. 하나는 '일기'다. 일기를 쓴다는 것은 스스로 내면을 살피고 돌보는 행위다. 목표와 우선순위를 설정하기 어렵다면, 자신의 하루하루가 어떤 생각으로 채워지는지, 어떤 생각들을 하며 살아가는지 알아야 한다. 생각하는 대로 살지 않고, 사는 대로 생각하는 사람들이 많다. 그런 삶에 익숙해지다 보면 삶을 어떻게 설계해나갈지 막막할 수밖에 없다. 일기를 통해 오늘과 내일에 대해 생각하고, 일주일 후를 생각하고, 한 달 후, 1년 후, 10년 후를 생각해 나간다면 스스로의 목표를 좀 더 수월하게 찾을 수 있을 것이다. 다음은 '독서'와 '글쓰기'다. 독서와 글쓰기를 통해 평소에 하지 않았던 생각을 하고, 그 생각들을 글로 풀어내면서 사고의 가지를 더 넓게 뻗어 나가게 할 수 있다. 다양한 내면의 이해가 거기서 발생한다. 예컨대 일기가 '자신이 가지고 있는 것을 꺼내게 만드는 효과'를 준다면, 독서와 글쓰기는 '자신조차 몰랐던 내면의 목소리를 듣게 하는 힘'을 준다.

둘째, 개인적인 목표를 설정하고 자신의 현재 위치를 파악해야 한다. 단순히 재정적 목표, 커리어 목표를 넘어 건강, 자기계발, 인간관계, 여가 등 삶의 영역마다 세부적으로 목표를 설정하는 게 좋다. 목표가 설정되었다면 현재 내 위치가 어디쯤인지, 내가 어떤 상황인지 꼭 기록해두어야 한다. 생각보다 많은 사람이 자신이 지금 정확히 얼마큼의 재산을 갖고 있는지도 모른 채 살아간다. 건강에 대한 정보도 건강검진 검사지를 쓱 훑어보고 잊어버린다. 지금 체중이 정확히 얼마인지, 혈압과 간 수치가 정확히 어느 정도인지 아는 사람이 드물다는 것이다. 다음 목표를 세우는 것도 현재 자기가 어느 위치에 있는지 정확히 알아야 가능한 일이다.

그래서 현재 자신의 정보를 한눈에 볼 수 있는 현황판을 만들어 두는 게 중요하다. 우리의 경우 구글 스프레드시트를 이용해 자산 규모와 투자 현황, 건강, 취미, 읽은 책, 인생 목표 등을 관리하고 있다. 클라우드에 저장되기 때문에 저장을 잘못하거나 파일을 잃어버릴 염려도 없다. 인터넷만 연결되어 있다면 핸드폰과 컴퓨터를 통해 어디서든 확인하고 수정할 수 있다. 혹시 같은 템플릿을 사용하고 싶다면 아래의 QR코드로 접속해 샘플 문서를 복사해 사용하길 바란다. 본인의 구글 아이디로 로그인한 상태에서 시트 복사본을 본인 소유의 새 스프레드시트에 옮겨 사용하면 된다.

인생 현황판 템플릿 〉〉〉

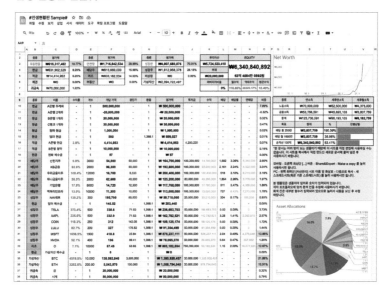

인생 현황판 템플릿 바로가기

이 모든 요소를 바탕으로 자신의 인생을 설계한다면, 해방자는 단순히 생존하는 삶을 넘어 창조적이고 의미 있는 삶을 만들어갈 수 있다. 여러분이라는 기업의 시가총액은 여러분의 자존감과 성장 가능성에 따라 무한히 확장될 수 있음을 기억하길 바란다.

남들과의 비교에서 벗어나라

"재산을 모으는 이유는 남보다 잘나기 위해서가 아니라

삶의 독립성과 주체성을 확보하기 위함이다."

"The reason for collecting wealth is not to be better than others,

but to secure independence and subjectivity in life."

– 찰리 멍거 Charles T. Munger

만약 여러분이 가진 자존감의 포트폴리오가 빈약하고, 한평생을 수동적으로 살아왔다고 하더라도 그건 여러분의 탓이 아닐지도 모른다. 오늘날의 대한민국은 해방자가 아닌 종속자를 양성하는 사회 분위기이기 때문이다. 어릴 때는 '학교 성적', 성인이 된 후엔 '돈'이라는 종목으로 끊임없이 경쟁해야 하는 '비교 사회'에서 돈은 다른 중요한 가치들을 모두 잡아 먹어버렸다. 결혼을 할 때도 사랑보다는 조건을 먼저 따지고, 출산을 할 때도 행복이나 삶의 의미를 생각하기 전에 계산기부터 두드린다.

우리나라는 역사상 가장 빠르게 성장한 국가 중 하나다. 1950년대 한국전쟁 직후엔 개발도상국의 신분으로 선진국의 원조를 받았지만, 현재 우리나라의 경제 규모는 세계 10위권에 이른다. '한강의 기적'이라는 타이틀이 붙을 정도로 눈 깜짝할 사이에 빈곤한 나라에서 부유한 나라로 발돋움한 것이다. 똑같은 나라에서 태어났지만 1980년대에 태어난 사람은 개발도상국 대한민국에서, 2000년대에 태어난 사람은 선진국 대한민국에서 자랐다.

빠른 성장 속도만큼 계층 간의 변동성도 크다. 다른 국가에 비해 산업화의 역사가 짧고, 일제강점기와 한국전쟁을 거치며 소위 '올드 머니Old Money'라고 불리는 기존 기득권층이 리셋되었다. 1960년대부터 1980년대까지의 고도 성장기에는 드라마틱한 사회적 이동이 가능했고, 사법고시 제도와 같이 '개천에서 용 나는' 식의 계층 이동 수단도 존재했다. 아직도 대한민국은 미국과 달리 태생과 상관없이 '노력하면 올라갈 수 있는 문'들이 열려 있다.

그러다 보니 남들보다 좀 더 앞서고 싶은 욕구, 즉 '상승욕'이 강하다. 국민성만 놓고 보더라도 우리나라처럼 국민 대다수가 '계층 상승의 사다리'에 목매는 나라는 생각보다 드물다. 우리나라 사교육 시장의 규모는 27조 원에 육박하고, 대학 진학률은 76.2%로 전 세계적으로도 손에 꼽는 수준이다. 교육을 통한 계층 세습과 계층 상승을 노린 교육열이 뜨겁기 때문이다. 이런 대한민국에서 계층 이동의 사다리, 부의 사다리를 함부로 건드리면 정치적으로 거센 역풍을 맞는다. 금융투자소득세 도입과 가상자산 과세가 계속 유예되는 것도 "계층 이동의 사다리를 걷어차지 말아달라"는 반발의 목소리 때문이다.

대한민국의 '상승욕'은 2020년대에 들어 최고치에 다다랐다. 사회적 이동의 기회가 점점 줄어들고 있기 때문이다. 2020년을 전후하여 서울을 포함한 주요 도시의 부동산 가격이 급등하기 시작했고, 일부 인기 지역에서는 청년 세대가 집을 사는 것이 사실상 불가능해졌다. 아무리 소득이 높아도 소득 상승률이 자산 상승률을 따라가기 어렵다 보니 '부동산 소유 여부'가 청년 세대와 기성세대 간의 '경제적 격차'를 만드는 주범이 되었다. 그뿐만 아니라 대기업과 중소기업 간의 임금 격차가 평균 1.5배에서 2배에 이르러 청년들이 대기업으로 몰리

게 되었고, 이러한 사태들이 부익부 빈익빈 현상을 심화하며 계층 고
착화를 가속화시키고 있다.

　시간이 지날수록 위로 올라가는 문이 점점 좁아지는 걸 보며 일부
젊은 세대는 '현재 자신의 계층이 후손들의 계층으로까지 굳어질지
모른다'는 인식을 갖게 되었다. 그래서 계층이 고착화되기 전에 계층
이동의 '막차'를 타기 위해 더 많은 노력을 기울이고, 더 많은 것을 희
생한다. 자신의 행복을 포기해서라도 상류로 올라가기 위해 발버둥치
는 것이다. 일부는 아예 계층 상승의 희망을 포기하고, '일하지 않으
면서 교육이나 직업훈련도 받지 않는 청년'을 뜻하는 니트족(NEET族)
이 되었다. 2024년 상반기 대한민국 통계청이 '그냥 쉬었음'으로 분
류한 30대 남성은 18만 2,000명에 달한다. 30대 남성 인구의 5%가
넘는 수치다. 이는 2014년 관련 통계 작성 이후 최대치이고, 코로나
가 한창이던 2021년 상반기(16만 4,000명)보다 많다. '격차세습'이라
는 말이 있는 일본의 전철을 그대로 밟고 있는 모습이다.

　이렇듯 상승욕이 강한 사회에서 우리는 어쩔 수 없이 서로를 '경쟁
상대'로 인식하도록 학습되어 왔다. 눈치를 많이 보고, 남들만큼 하고
있는지 끊임없이 비교한다. 남들만큼 하지 않으면 다른 게 아니라 '틀
린 것', 어딘가 '부족한 것'으로 여기기도 한다. '남들보다 잘난 것'을

생각하기 이전에 '남들보다 못난 것', '남들만큼 가지지 못한 것'을 더 자주 생각한다는 것이다. 그렇게 각자의 뾰족한 개성을 개발하는 게 아니라 일원화된 조건들을 놓고 누가 육각형을 더 골고루 채웠는지 경쟁하게 된다. 스스로 발전하고 성장하기보다는 '남들보다 조금만 앞서면 된다'는 생각인 것이다.

2024년, 엠넷에서 방영한 〈커플팰리스〉라는 프로그램이 있다. 결혼을 원하는 100여 명의 남녀 출연자가 오디션 프로그램 〈프로듀스 101〉처럼 자신을 어필하는 것이다. 이 '결혼 서바이벌' 프로그램에서 가장 많은 표를 받았던 남자 출연자는 한 분야에 특출난 사람이 아니라 외모, 키, 학벌, 직업, 집안 등 여러 조건을 평균 이상으로 갖춘 소위 '육각형남'이었다. 반대로 충분히 매력적임에도 눈에 띄는 단점이 있는 출연자는 많은 이성 출연자들에게 걸러지곤 했다.

'모든 걸 고루 갖춘' 것도 특징이라면 특징일 수 있다. 하지만 나만의 정체성이 담긴 '오리지널리티'보다 모든 걸 고루 갖춘 평범한(실제로는 전혀 평범하지 않다) 사람이 정답인 사회 분위기는 '대부분의 사람이 행복하기 힘든 구조'다. 단점이 없는 사람이 되어야 하기 때문이다. 자신만의 장점 하나씩은 누구나 갖고 있다. 동시에 단점도 하나씩은 갖고 있다. 본인이 잘하는 하나의 종목에서 전문가가 되는 것이 아니라 모든 종목을 어느 정도 잘하려고 하다 보면, 본인의 강점보다 약점에 더 많은 시간을 쏟게 된다.

자기만의 정체성이 약하면 스스로에 대한 자부심을 갖지 못하고 자꾸 자신을 대변하는 '타이틀'에 집착하게 된다. 자신이 다니는 회사에 딱 맞춰져 몰개성해진 사람은 회사에 자부심을 가지는 수밖에 없기 때문이다. 가장 좋은 건 '더 좁은 범위'인 자신에 대해 자부심을 갖는 것이다. 스스로 자부심을 가질 게 없는 사람들은 본인이 소속된 '더 넓은 범위'에 대해 자부심을 갖는다. 예컨대 자신이 나온 학교, 회사, 사는 동네 등에 필요 이상의 자부심을 갖고 급 나누기를 한다. 본인의 가장 큰 업적이 그것이기 때문이다. **이마저도 내세울 게 없는 사람들은 점점 그 범위가 넓어져 정치 성향, 종교, 심지어 성별 등에까지 자부심을 갖고 다른 쪽을 깎아내린다.**

남들과 경쟁할 필요가 없는 일이 경쟁이 되어버리면 본질을 잃게 된다. 아무리 맛있는 맥주도 '맥주 빨리 마시기' 경쟁에서는 그 맛을 느낄 수 없다는 것이다. 삶이 경쟁과 비교로 가득 차 있는 사람은 삶을 즐길 겨를이 없다. 우리나라에서는 공부에서도, 취업에서도, 일에서도, 사랑에서도, 결혼에서도, 육아에서도 경쟁한다. 처음부터 '경쟁할 수밖에 없는 구조'에서 시작하기 때문이다. 경쟁할 필요가 없는 상황이 되어도, 남들과의 불필요한 경쟁과 비교에서 쉽사리 벗어나지 못한다. 그렇게 훈련되었기 때문에 누군가 종료 휘슬을 정확하게 불어주지 않으면 마음 편히 즐기지 못하는 것이다.

인터넷에 올라오는 '출산은 사치', '출산하면 무조건 손해'라는 식의 글을 보면 안타까운 마음이 든다. 돈만을 기준으로 생각한다면 출산과 육아는 '당연히 돈이 드는 일'이다. 이득일 리가 없고, 이득인 적도 없다. 아기는 돈을 벌기 위해 낳는 것이 아니기 때문이다. 돈을 주고 살 수 없는 행복에 '수익률'을 들이미는 것 자체에서 대한민국에 돈과 행복에 대한 철학이 얼마나 부족한지 절실히 알 수 있다. 본인의 철학도 없이 남들 다 한다는 호화로운 결혼식, 남들 다 산다는 고가 유모차, 남들 다 보낸다는 영어 유치원은 따라 하고 싶어 한다는 것이다.

더 높게 성장하고자 하는 의지나 상승욕 자체는 나쁜 게 아니다. 오히려 행복의 원천이 될 수도 있는 연료다. 다만 '남들이 하니까 무작정 따라 하는 것'은 긴강한 동기부여가 아니다. 자신의 의지에 따른 성장은 시간과 편안함을 포기할지언정, 행복을 포기하지는 않는다. 남들의 시선에 떠밀려 행복을 포기하면서까지 성장할 필요는 없다. '갓생'을 살려다가 되레 불행한 삶에 갇히게 되는 '갇생'을 살게 될 수도 있기 때문이다. 우리는 인생을 바꾸는 기회를 잡으면서도 우리의 행복을 포기한 적이 없다. 남과의 비교가 아니라 '자신 안에서 행복을 찾는 법'을 알고 있었기 때문이다. 회사생활을 할 때도 힘은 들었지만, 매우 즐거웠다. 동기들끼리 모여 회사 욕을 할 때, 회사에 대한 좋은 점들을 이야기하며 동기들을 설득했다. 그런데 막상 시간이 지나보니, 그때 회사를 욕했던 동기들은 대부분 남아있고 우리는 회사 밖에 있었다.

성장 노력과 자원을 어느 분야에 집중시킬지 판단하려면 본인만의 확고한 신념과 철학이 필요하다. 남들만큼 가지지 못한 것, 남들만큼 가지지 못한 돈에 집중하지 말고, 남들보다 잘하는 것을 생각해야 한다. '바꿀 수 있는 내부요인' 중 가장 효과적인 것이 '자신이 잘하는 것에 집중하는 것'이기 때문이다. 청년컨설팅협회 'YCA'를 운영하면서 여러 대학생에게 취업에 대해 조언해 준 적이 있다. 너무 많은 대학생이 '남들 다 하는' 스펙을 채우기 위해 시간을 낭비하고 있음을 그때 알았다. 남들에게 각인시킬 자신만의 색깔을 찾지 못하고, 안 되는 토익 공부에 1년~2년을 허비하는 것이다. 그렇게 되면 '개성 없는 수많은 지원자 중 한 명'으로 전락할 뿐이다.

우리가 끊임없이 성장을 추구하는 건 남들을 '제치기 위해서'가 아니다. 찰리 멍거의 말처럼 우리 인생의 독립성과 주체성을 확보하기 위함이다. 서로 비교하고 경쟁하는 분위기에 휩쓸리다 보면, 자신만의 정원을 가꾸지 못하고 남의 정원을 부러워하거나 남의 꽃을 꺾을 생각부터 하게 된다. 우리는 해방자의 삶을 '돈의 구속에서 벗어나는 삶의 방식'으로 정의했지만, 이는 돈에서 해방되게 해주는 데서 그치지 않는다. 안정적인 자존감의 포트폴리오를 갖고, 자기 주도적으로 인생을 설계하며, 남들의 시선에 휘둘리지 않는 '진짜 삶'을 살 수 있게 해주는 것이다. 이왕 태어난 거, 자신만의 '오리지널리티'를 갖고 살았으면 좋겠다. 인생이 한 번뿐이라는 걸 깨닫는 순간, 두 번째 인생이 시작된다.

해방자와 비슷한
투자자의 삶

여러분이 돈을 빨리 벌고 싶어서 이 책을 펼쳐 들었다면, 해방자가 되는 게 돈 버는 데 정말 도움이 되는지 궁금할 것이다. 돈에 대한 집착에서 벗어나면 돈 버는 속도가 줄어드는 것은 아닌지 걱정할지도 모른다. 그러나 앞서 말했듯이 해방자는 돈을 배척하는 사람이 아니다. 돈에 집착하지 않고, 돈을 목표가 아닌 수단으로 생각할 뿐이다. 돈과 거리를 둘 줄 알기 때문에 오히려 돈과 가까워진다. 투자에 대한 불안감이 훨씬 덜하고, 덜 불안하기 때문에 투자라는 행위에 인생이 종속되지 않는다.

많은 사람이 '투자'와 '불안감'을 동일시한다. 자본주의에서는 리스크가 있어야 보상이 따르기 때문에, 투자에 있어서도 리스크는 '피할 수 없는 것'이기 때문이다. 하지만 막상 투자를 해보면 투자자를 괴롭히는 건 리스크 자체가 아닌 리스크에 대한 '불안감'이다. 미국 주식과 가상자산 투자를 하는 사람들 가운데는 한밤중에 가격이 떨어질까 봐 밤을 꼬박 새우는 사람들이 많다. 아직 돈을 잃지 않았어도 불안해하고, 돈을 벌었는데도 불안해한다. 리스크는 없앨 수 없지만, 리스크에 대한 불안감은 줄일 수 있다.

우리에게 투자란 불안함의 원천이 아니다. 오히려 우리의 불안감을 없애주는 일이다. 우리가 리스크 없는 투자를 해서가 아니다. 투자를 잘 하지 않는 사람들의 눈에는 우리가 리스크가 큰 투자를 많이 하고 있는 것처럼 보일 수 있다. 그러나 우리의 시각은 그 정반대다. 우리는 투자하고 있는 사람들이 '안전지대'에 있고, 투자하지 않는 사람들이 '위험지대'에 있다고 생각한다. 아무것도 하지 않고 가만히 계좌에 돈을 묶어두고 있다면, 인플레이션에 의한 화폐가치 하락을 피할 수 없기 때문이다.

우리의 투자가 불안하지 않은 이유는 리스크를 정확히 판단하기 위해 공부하고, 그 리스크를 잘 관리하기 때문이다. 현금만 들고 있으면 리스크가 완전히 제거될 거라는 건 큰 착각이다. 투자에 전혀 손을 대지 않는 사람도 큰 리스크에 노출되어 있다. 현금, 그것도 본인이 태어난 나라의 화폐에만 전 재산을 투자한 셈이기 때문이다. 특히 대한민국 원화로만 전 재산을 갖고 있는 건 상당히 위험한 포트폴리오다. 여러분이 미국에서 태어난 사람이라면 과연 '전 재산을 대한민국 화폐로 갖고 있는 것'을 지금처럼 안정적으로 느낄지 한 번 생각해보자.

현금은 '가만히 있으면 가치가 계속 하락하는 자산'이다. 정부가 마음만 먹으면 돈을 계속 찍어낼 수 있기 때문이다. 화폐가치가 떨어지면 같은 물건을 살 때 더 많은 돈을 내야 하기에 물가가 오르고, 주식과 부동산 등의 자산가치는 상승한다. 특히 정부가 돈을 더 많이 찍어내는 경제 위기 때마다 화폐가치 하락은 가속화된다. 그런 시기에 '현금만' 쥐고 있는 건 안전불감증에 빠진 거나 다름이 없다. 줄줄 새는 항아리에 물을 담아둔 것처럼 점점 가난해지는 일만 남은 것이다.

불안감을 줄이기 위해서는 자신이 하고 있는 투자가 어떤 리스크를 갖고 있는지, 어떤 리스크가 과소평가되어 있고 또 어떤 리스크가 과대평가되어 있는지를 먼저 파악해야 한다. 그렇지 않으면 눈을 감고 도로를 횡단하는 것처럼 불안할 수밖에 없다. 반대로 양쪽을 두루 살피고, 멀리서 오는 차량의 정보까지 알고 건넌다면 불안감은 훨씬

금본위제 철폐 이후 금 대비 -99%까지 하락해온 달러 가치 〉〉〉

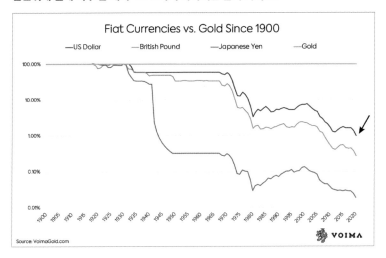

덜할 것이다. 자신이 처한 상황을 정확히 인지하고, 가진 돈을 분배할 수 있는 다양한 옵션을 따져보고, 그중 마음이 가장 편안한 포지션을 찾는 게 바로 '투자'다. 이 과정이 끝나고 나면 마음이 편해야 정상이다. 벤자민 그레이엄의 말처럼 투자는 '리스크를 관리하는 것'이지 결코 피하는 게 아니다.

돈에 집착하는 종속자는 투자에서 잘못된 의사결정을 할 확률이 높아진다. 욕심이 우리 눈을 가려 중요한 본질을 보지 못하게 막기 때문이다. 단순히 빠르고 높은 수익만 기대하며 투자에 접근하는 사람은 반드시 돈에 먹혀버린다. 이러한 투자를 하는 사람들은 '돈의 종속자의 특징'과 비슷하다. 어떤 투자를 하든 그 투자를 해야만 하는 이유(Why)가 확고해야 한다. 남들을 따라서 무엇(What)에 투자할지 종목만 찾아다니는 사람은 높은 확률로 돈을 잃는다. 여러분이 운 좋게 투자 고수의 포트폴리오를 똑같이 따라 한다고 해도, 그 사람의 투자 기준과 경험, 직관까지 가져올 수는 없다. 잠깐은 수익률이 비슷할지 모르지만, 금방 다시 격차가 생기고 만다. 투자는 한 번의 선택이 아니라 끊임없는 선택의 연속이기 때문이다.

뭔가를 살지 말지 결정하는 것만이 선택이 아니다. 팔지 않고 가만히 있는 것도 하나의 선택이다. 비트코인은 15년간 꾸준히 고점을 갱신해왔는데, 어떻게 비트코인에 투자해서 돈을 잃은 사람이 존재할 수 있는 걸까? 답은 간단하다. 비트코인을 왜(Why) 투자하는지에 대한 근거와 철학 없이 일단 투자하고 보는 사람들이 대다수이기 때문이다. 그들의 투자 근거는 '가격 상승에 대한 기대감'뿐이기 때문에, 그 기대감이 흔들리는 순간을 참지 못하고 손절해버리는 것이다. 재미있는 건, 이런 사람들이 많을수록 성공적인 투자를 하기 쉽다. 결국 이들이 내놓는 돈들이 모여, 제대로 알고 투자하는 사람들에게 흘러 들어가는 것이기 때문이다.

자산의 가격에 '투자 근거'를 두지 않은 사람들은 장기적인 시각을 가질 수밖에 없다. 매일 수시로 움직이는 가격과 달리 자산의 가치와 시장 포지셔닝, 잠재력 등은 그렇게 빨리 변하지 않기 때문이다. 자산의 가격이 움직이는 이유는 가치 때문도 있지만, 99%의 경우 사람들의 심리 변화 때문이다. '가격이 가치를 반영한다는 착각'을 빨리 깨야 한다. 가격이 직접적으로 반영하는 것은 '가치'가 아니라 가치에 대한 사람들의 심리, 나아가 이 심리가 반영된 '사람들의 행동'뿐이다. 자산을 사는 사람이 파는 사람보다 많으면 가격이 올라가는 것이고, 파는 사람이 사는 사람보다 많으면 가격이 내려가는 것이다. 같은 것을 보더라도 사람들이 어떻게 행동하는지는 총체적 상황, 심리 등 복합적인 요소에 의해 결정된다. 결국, 자산을 사고팔며 가격을 움직이게 하는 것은 '사람들'이기 때문이다.

투자 근거에 따라 여러분의 투자 방식은 굉장히 달라질 것이다. 여러분이 '시장 참여자들의 심리를 잘 읽어냄으로써 수익을 보는 투자'를 추구한다면 여러분은 투자자들의 커뮤니티나 가격 차트를 분석해야 할 것이다. 반대로 여러분이 '어떤 회사의 기술과 미래 가치에 근거한 투자'를 한다면 가격 차트를 볼 필요가 없을 수도 있다. 가격 차트를 통해 읽어낼 수 있는 정보는 사람들의 심리가 크게 반영되기 때문이다. 만약 여러분이 궁극적으로 시대의 흐름을 읽어내는 더 나은 투자자가 되기 위해서는 세상의 변화, 정치, 사회, 경제, 문화 분야에서 벌어지는 일들을 속속들이 공부하고, 산업 사이클, 자산군 등 다양한 인문학적 통찰을 길러내는 것이 중요할 것이다.

단기적인 투자는 본질적으로 '모으기 위해' 사는 것보다 '팔기 위해' 사는 성격이 강하다. 환희에서 오는 과대평가, 공포에서 오는 저평가 등 시장의 심리 변화에서 수익을 노리기 때문에 현재 '가격'의 변동 추이가 아주 중요하다. 그래서 단기투자에서는 빠른 손절 전략이 말이 된다. 애초에 매수 근거가 '가격'이었기 때문이다. 가격을 보고 샀기 때문에 매도 근거도 가격으로 잡는 게 자연스럽다. 어차피 미래까지 갖고 있을 생각이 없기에 자산의 미래 가치에 대해서는 크게 알 필요가 없다.

장기적인 투자는 자산과 연결된 본질적인 가치의 변화, 자산을 바라보는 시장 참여자들의 장기적인 시각 변화, 법적인 환경 변화 등에서 오는 수익을 노리는 투자다. 따라서 장기투자에서는 가격 변동만으로 섣불리 사고파는 의사결정을 내릴 필요가 없다. '매수 근거가 탄탄하지 않으면 투자하면 안 되는 것'과 마찬가지로, 매도의 근거가 탄탄하지 않다면 섣불리 팔지 않아도 되는 것이다.

단기투자와 장기투자 중 어느 한쪽이 우월하다거나 정답이 있는 건 아니다. 투자는 결과로 말하기 때문이다. 시장의 심리를 잘 파악해 단기투자로 돈을 벌든, 미래 사회의 변화를 예측해 장기투자로 돈을 벌든 결과가 꾸준히 좋다면 잘하고 있는 것이다. 남들 말만 믿고 생각 없이 투자해 강제로 단기투자를 하는 것, 미래에 대한 비전 없이 무작정 장기투자하며 시간을 낭비하는 것만 경계하면 된다. 한쪽은 불안 감 때문에 돈에 종속되게 만들고, 한쪽은 돈을 벌 다른 기회를 잃는 기회비용을 발생시킨다.

우리는 난도가 높은 단기투자보다는 상대적으로 난도가 낮은 장기 투자를 추천한다. 시간을 여유롭게 갖고 실력을 충분히 쌓을 수 있기 때문이다. 추가 매수를 통해 평단가를 낮출 기회가 많기에 한 번 타이 밍을 잘못 잡더라도 바로잡기 쉽다. 장기투자는 투자 기간이 길지만 기대 수익 역시 복리로 쌓이기 때문에 여러 번의 성공을 쌓아야 하는 단기투자와 달리 하나의 기회만으로 인내심을 동반해 큰 수익을 볼 수 있다.

해방자의 투자는 앞서 설명한 삶의 방식과도 일맥상통한다. 수익 에 급급해 조급하게 투자하지 않고 돈 외의 본질을 바라보는 것이 중 요하다. 주식이나 가상자산 투자를 한다고 하면, 스트레스를 많이 받 지 않느냐는 이야기를 종종 듣는다. 물론 단기 수익을 통해 수익을 올리는 '단기 트레이더'들은 실제로 스트레스가 클 수도 있다. 그럴 만도 한 것이, 수익과 손해의 구간을 하루에도 몇 번씩 넘나들어 감정이 들쭉날쭉한다면 스트레스가 쌓일 수밖에 없을 것 같다. 하지만 우리가 생각하는 투자는 '자신이 생각하는 미래의 시나리오가 실제로 일어나는 것을 지켜보는 즐거운 행위'다. 만약 잘 맞았다면 자산이 늘어나는 달콤한 결과물이 만들어지는 것이고, 틀린다면 틀린 판단을 받아들이고 더 나은 의사결정을 위해 배워가면 되는 것이다.

즉, 투자는 단순히 돈을 버는 행위에서 끝나는 것이 아니라 더 나은 의사결정을 하는 인간으로 나아가기 위한 '삶의 과정'이다. 무엇을 투자할지 결정하는 것도 의사결정의 영역이지만, 당장 오늘과 내일, 일주일이라는 시간을 어떻게 보낼지 결정하는 것도 하나의 중요한 의사결정 영역이다. 그렇기에 투자자의 삶은 단순히 돈을 위해 움직이는 종속자가 아닌, 해방자와의 삶과 매우 닮아 있다.

그래서 장기적인 시각에서 투자를 잘하는 사람들의 투자 철학을 흡수하고, 그들의 의사결정 능력을 배울 수만 있다면 요행을 바라고 단번에 부자가 되려는 사람들보다 더 빨리 부자가 될 수 있다. 아마존의 창립자 제프 베이조스가 워런 버핏에게 던진 유명한 질문이 있다.

"워런, 당신의 투자 방식은 너무나 심플하고 기발한데, 남들이 왜 그냥 당신을 따라 하지 않는 겁니까?"

워런 버핏은 이렇게 답했다.

"천천히 부자가 되고 싶은 사람이 아무도 없기 때문이지."

워런 버핏은 투자를 '스트라이크가 없는 야구'로 비유한다. 투수가 스트라이크 존에 공을 던졌는데도 타자가 배트를 휘두르지 않으면 '스트라이크'라고 부른다. 그리고 스트라이크를 3번 받은 타자는 플레이 기회를 잃게 된다. 하지만 야구와 달리 투자에는 스트라이크가 없기에 확신이 드는 기회가 올 때까지 얼마든 기다려도 된다는 것이다. 워런 버핏은 사람들이 자신의 투자 스타일을 따라 하지 않는 이유를 '천천히 부자가 되고 싶지 않아서'라고 말했다. 그러나 때로는, 천천히 가는 길이 가장 빠른 길이다.

Chapter 5

풍요로운
해방자로
살기 위한
가이드

FINANCIAL INDEPENDENCE: RELEASE ECONOMIC DOMINION

실행하지 않는 대가,
'내가 살고 싶었던 삶'이다

앞장을 통해 '돈의 종속에서 벗어나 삶과 행복을 돈에 의존하지 않는' 해방자의 특징들을 짚어보았다. 모든 것이 돈으로 통하는 현대 사회에서 해방자의 삶은 큰 행복을 가져다준다. 하지만 같은 값이면 다홍치마라고, 이왕이면 돈까지 많은 게 당연히 좋다. 우리 역시 흥부처럼 '가난한 해방자'의 삶을 추구하지는 않는다. 부자인 동시에 해방자인, 물질적으로도 정신적으로도 풍요로운 삶을 추구하는 것이다. 이를 위해 우리는 부자이면서도 해방자에 가까운 '풍요로운 해방자'들을 관찰하며, 이들의 공통적인 특징을 연구했다. 우리가 이미 갖고 있던 요소들도 있었고, 새롭게 배우며 익힌 것들도 있었다. 그중 중요도 측면에서 우리가 첫 번째로 꼽은 것은 단연 '실행력'이다.

세상을 움직이는 큰 변화가 있을 때마다 이렇게 말하는 사람들이 꼭 한 명씩 있다. "봤지? 내가 그때 이렇게 된다고 했잖아. 내가 했으면 대박인데!" 어린 시절에는 이런 사람들을 보면서 '와! 이 사람 진짜 천재 아니야?'라고 생각했는데, 시간이 지나면서 그 생각은 완전히 달라졌다. '그게 좋은 아이디어라고 생각했으면, 왜 안 했지?' 이전에 대단하게 여겼던 말들이 한심하게 들리기 시작한 것이다.

대부분의 아이디어는 '가능성'만으로 그친다. "내가 그때 그렇게 이야기했지?"라고 말하는 사람들이 넘치는 까닭이다. 아이디어를 내는 건 쉽다. "A가 잘 될 것 같으니, 이걸 해볼까?", "B가 유망하니까 이건 어떨까?", "C가 미래의 방향성일 것 같아!"라는 생각은 누구나 할 수 있다. 천재가 아니더라도 이따금 좋은 아이디어를 생각해내는 건 흔한 일이다. 하지만 '좋은 아이디어를 내는 것'과 그 아이디어를 '실행에 옮기고, 고집스럽게 끝까지 해내는 것'은 차원이 다른 얘기다. 진짜 좋은 아이디어라는 걸 증명하기 위해서는, 그 생각을 직접 실행에 옮겨보아야 한다.

실행하지 않는 아이디어는 '죽은 아이디어'다. 머릿속으로만 가설을 세우고 시뮬레이션을 돌려보는 건 마치 '모의 투자'를 하는 것과 같다. 재미있을지는 모르겠지만, 실제로는 아무 가치가 없다는 것이다. 실제로 본인의 시간과 돈을 투자해 위험을 무릅쓰고 하는 투자와 아무 리스크 없이 결과만 테스트해보는 투자는 천지 차이다. 테스트를 계속 해본다고 해서 실력이 느는 것은 아니다. 과거를 다시 한 번 살 수는 없기에 테스트로 연습했던 그 상황은 영영 다시 오지 않는다. 실행하지 않고 지나가는 그 '타이밍'은 영원히 지나가 버린다는 것이다.

실행하지 않는 사람들은 '실행' 자체에 대한 어려움을 잘 모르며, 본인이 실행만 했으면 멋지게 해냈을 거라고 착각한다. 이러한 착각은 대부분 무지에서 비롯된다. 실행은 많은 노력을 수반하고, 본인의 시간과 노력을 들여 꾸준히 행한다는 것은 대다수의 사람들이 어려워하는 일이기도 하다. 시작한 후에는 생각지도 못한 수많은 난관에 부딪힌다. 실제로 해보면, 실행에 앞서 계획하고 준비하며 했던 고민들이 큰 쓸모가 없었다는 것을 알게 된다. 실행하는 과정에서 생긴 고민들은 생각지도 못했던 것들이 대부분이기 때문이다. 그렇게 처음에 가졌던 '성공에 대한 확신'은 점점 옅어지고, 의지도 점점 약해진다. 실행하기 전에 했던 숱한 고민은 '비효율'을 만들어내지만, 반대로 '빠른 실행'은 없던 가능성도 만들어낸다. 실행 자체에 성취의 비밀이

숨겨져 있는 것이다. 삶의 속도를 빠르게 만드는 데 있어 '먼저 실행해보는 것'만큼 빠른 길은 없다는 것이 우리의 생각이다.

'경험의 밀도' 관점에서, 스스로의 '레벨'을 올리려면 적극적으로 삶의 경험치를 쌓는 자세가 중요하다. 삶의 경험치는 방구석에서 생각만 한다고 쌓이는 게 아니다. 이는 실제로 움직여 새로운 경험에 자신을 노출시킴으로써 생기는데, 이런 경험을 만드는 '행동(Action)'은 나에게 하는 '투자'와도 같다. 투자하지 않는 사람과 적극적으로 투자하는 사람의 자산이 점점 차이 나게 되듯이, 행동하지 않는 사람은 행동하는 사람과 시가총액의 격차가 점점 벌어지게 된다.

즉 행동력과 경험이 쌓이는 속도가 비례하고, 경험이 쌓이는 속도와 성장 속도 역시 비례한다. 성장하며 얻는 성취 경험은 행복의 강력한 원천이기 때문에, 결국 행동력은 여러분의 성장과 행복도에 직접적인 영향을 준다. 수많은 시도를 통해 작은 성취 경험을 나날이 쌓아온 A는 아무것도 시도해보지 않은 B와 달리 실행력이 강하다. A는 점점 더 빠르게 경험을 쌓으며 성장하고, B는 가만히 눈치만 보거나 시도하더라도 금방 포기해버리며 천천히 도태된다. A가 B보다 자존감이 높고 행복도가 높은 것은 자명하다. 여러분이 현재 A로 살고 있는지 B로 살고 있는지 생각해보자. 같은 말을 들어도 누군가는 한 번에 실행에 옮기기도 하고, 누군가는 10번 이상 들어야 실행에 옮긴다.

당장 이 책을 읽는 사람들 가운데도 머릿속에서 떠올린 계획을 실제로 행동에 옮기며 'A처럼 사는 사람'은 10%도 채 되지 않을 것이다. 충분히 성취 경험을 쌓아보지 못한 사람은 실패의 리스크가 두려워 실행을 주저한다. 아무 리스크도 없다는 건 '어떠한 새로운 도전도 하지 않고 있는 것'과 같다. 빠르게 움직이는 세상에서 변화하지 못하고 가만히 있으면 도태될 수밖에 없다. 그동안 피했던 리스크를 '후불'로 한 번에 지게 되는 셈이다. 아무 리스크도 지지 않는 것이 곧 가장 큰 리스크다.

위험이라는 것은 겪으면 겪을수록 '미래의 위험'이 감소한다. 위험을 감당하며 견고해지는 시간을 겪지 않으면, 정신은 계속 아이처럼 나약한 상태에 머물게 된다. 만약 여러분이 부모님의 울타리 안에서 애지중지 자라온 요즘 세대라면 여러분만의 탓이 아닐 수도 있다. 아이에게 어떠한 부족함도 없이, 일말의 위험 요소를 전부 차단해버리는 잘못된 육아관을 가진 부모들이 많기 때문이다. 통제된 위험과 결핍을 통해 성장할 기회를 주지 않고, 부모에 대한 의존도를 유지하는 '극성 학부모'들이 문제인 것이다. 이렇게 '결핍이 결핍된 환경'에서 자라난 사람들은 나이에 맞게 충분히 성장하지 못하고, 심한 경우 부모만큼 자기의 기분을 배려해주지 않는 사회에 불만만 표출하며 살아간다.

그래도 '행동력'은 재능의 비중이 큰 다른 영역에 비해 노력으로 충분히 극복할 수 있는 영역이다. 행동력에는 '시도하는 대담함'과 '유지하는 근성'이 요구된다. 과감한 시작의 중요성은 짐 캐리 주연의 《예스 맨(Yes Man)》에서 잘 확인할 수 있다. 새로운 경험에 보수적이고 소극적인 주인공이 어느 날부터 모든 제안과 기회, 다양한 것들에 'YES(해볼게)'라고 답하기 시작하며 벌어지는 일을 그린 미국 코미디 영화다. 처음에는 무슨 일이든 해야만 하는 그 상황이 골치 아픈 일만 가져다주는 것처럼 보이지만, 오히려 결과적으로는 좋은 기회들로 이어지며 주인공의 삶은 완전히 뒤바뀐다. 아무 생각 없이 승낙하여 실행한 것들이 결국 그의 인생에 큰 도움이 되거나 위기를 헤쳐나가게 해주는 힘이 된 것이다.

마음을 다해 내맡기기까지 항상 주저함이 있고,
그 기회 뒤로 물러서는 것은 항상 효력이 없다.

시작과 창조의 모든 작용에 한가지 기본적인 진실이 있고,
그 무지가 수많은 이상과 눈부신 계획을 죽인다.

분명히 마음을 먹는 순간, 그때부터 하늘도 움직인다.

결심하지 않았다면 결코 생기지 않았을 온갖 일들이 일어나 돕는다.

결심으로부터 모든 일들의 흐름이 터져 나온다.

예측하지 않은 모든 종류의 사건과 만남과 물질적 원조가

유리하게 생겨나며 아무도 꿈꿀 수 없었던 일이 잘 되어 가리라.

할 수 있는 일이나 꿈꿀 수 있는 일이 무엇이든, 그것을 시작하라.

대담함 그 안에 천재성, 힘과 마법이 있다.

지금 그것을 시작하라.

– 「내맡김의 힘」, 요한 볼프강 폰 괴테

'시도함의 대담함'에 대한 중요성을 매우 잘 나타낸 글이다. 시작하는 대담함 안에 천재성과 힘, 그리고 마법이 있다. 이 무지가 수많은 가능성을 없애고 죽인다는 것이다. 큰돈이 들거나, 잘 되지 않았을 때 삶이 달라질 정도의 피해가 있는 것이 아니라면 바로 실행해보자. 실행해야 '실행해 봐야만 알 수 있는 고민'들이 생기고, 비효율을 최소화할 수 있다.

'시도함의 대담함'은 삶의 여러 기회와 선택에 대해 열린 자세를 유지하고 인생의 경험치를 쌓는 데 도움을 주지만, 이를 꾸준히 유지하는 '근성'이 없다면 반쪽짜리 시도가 되고 말 것이다. 어찌어찌 시작은 했지만 한두 번 가다 금방 포기해버리는 케이스가 생각보다 많으니 너무 자책하지 않아도 된다. 헬스장이나 인터넷 강의 등 몇몇 산업이 이런 '게으름'에 기반해 유지될 정도다. 이러한 사람들에게는 필요한 것은 두 가지다. '행동을 작은 단위로 쪼개는 것'과 '행동의 결과에 대한 기대감을 버리는 것'이다.

넷플릭스 등의 OTT 플랫폼을 틀어놓고 30분 동안 뭘 볼지 고민만 하다가 결국 아무것도 못 본 경험이 더러는 있을 것이다. 사람들은 행동하기 전, 앞으로 할 행동에 대한 비용을 따져본다. 넷플릭스를 볼 때도 작품을 하나 고르면 1~2시간의 시간을 투자해야 하다 보니, '절대 후회하지 않을 것 같은 작품'을 고르려고 고심한다. '시간 낭비를 하지 않으려고 시간 낭비를 하는 셈'이다. 그냥 일단 영화를 틀고 바로 보기 시작했다면 금방 답을 찾을 수 있었을 텐데 말이다.

넷플릭스에 올라와 있는 영상들은 대부분 러닝 타임이 길고, 그만큼 하나하나에 대한 기대감이 크다. 행동에 대한 비용이 큰 데다 결과에 대한 기대도 크다 보니 몇몇 사람들에게는 선택하기가 어렵게 느껴지는 것이다. 만약 영상의 길이가 1분, 혹은 10초라면 어떨까? 틱톡이나 릴스, 유튜브 쇼츠 등의 '숏폼'은 영상 하나하나를 끝까지 다 보는 데 드는 시간적 비용이 적기에 '일단 부담 없이 보게 되는 효과'가 있다. 영상을 본 후 호불호를 결정하고, 다음 영상으로 넘어가는 과정이 매우 짧고 빠르게 이루어진다. 이런 사이클을 반복하다 보면 넷플릭스에서 긴 영화 한 편을 본 것보다 더 많은 시간이 소비되기도 한다.

현실에서 어떤 일을 행동에 옮길 때도 이와 비슷한 일이 벌어진다. 일을 행동에 옮기기 전에 행동의 비용을 너무 큰 단위로 생각하거나, 행동에 대한 기대가 지나치게 크면 섣불리 첫발을 떼기가 어려워진다. '내일부터 유튜브 해야지' 같은 생각은 이어지는 행동의 단위가 매우 크고, 그에 따른 비용도 만만치가 않다. 막상 시작하려 하면 어디서부터 어떻게 시작해야 할지 몰라 막막한 감정만 들 것이다. 막연히 생각은 해볼 수 있어도 바로 행동에 옮기기는 어려운 게 사실이다.

그럴 때는 행동을 잘게 쪼개 생각하면 도움이 된다. '헬스 시작해야지', '책이나 한 권 읽어야지'라는 생각도 누군가에겐 너무나 힘들고 부담스러운 일이다. 그런 사람은 '책을 읽는다'고 생각하면 안 된다. 일단 책을 주문하는 것, 스탠드를 켜고 책상에 앉는 것, 아니면 책 첫 장을 펴는 것 정도로 쪼개 생각해야 한다. '오늘 책 읽어야지'가 아니라, '책을 일단 펼쳐야지'라고 생각하는 것이다. 책을 펼쳐 드는 게 어렵지, 거기서 읽어나가는 건 생각보다 쉽기 때문이다. 헬스장에 가는 게 귀찮다면 일단 운동복으로 갈아입자. 그다음 현관에서 운동화를 신어보자. 그러면 잠옷을 입고 침대에 누워 있을 때보다 '헬스장에 가는 결정'이 조금 편해진다. 그걸로도 부족하면 집 밖으로 일단 나가보는 것이다.

실행력이 약한 여러분의 가장 큰 적은 다름 아닌 SNS다. 인스타그램 같은 플랫폼은 수십억 원의 연봉을 받는 엘리트 개발자들이 수백 명씩 머리를 맞대고 '사람들의 관심을 끌어모으기 위해 만든 장치'다. 여러분이 절대 이길 수 없는 싸움이라는 얘기다. '부자'이자 '해방자'에 가까운 주변인들 가운데 SNS를 열심히 하는 사람은 거의 없었다. 아예 하지 않는 사람들이 더 많았다. 미디어를 통해 사업을 하는 사람이 아니라면, SNS에 머물러 있는 시간을 대체로 '시간 낭비'로 여기는 것 같았다. 요즘은 핸드폰으로 일일 애플리케이션 사용 시간을 확인할 수 있다. 여러분이 일주일간 SNS에 쓴 시간을 점검해보고, 1년에는 얼마나 많은 시간을 거기에 쏟는지 계산해보자. 인스타그램을 하느라 낭비되는 시간이 너무 많다면 그냥 핸드폰에서 삭제해버리는 것을 추천한다.

이 세상에 여러분보다 똑똑한 사람들은 넘쳐난다. 아무리 비상하고 참신한 아이디어를 내더라도, 그와 비슷한 아이디어를 낸 사람들이 항상 존재한다. 하지만 실행하는 사람들은 생각보다 흔치 않다. 바로 그 점에 '기회'가 있다. 아무리 똑똑하고 아이디어가 좋아도, 실행하지 않으면 실질적 가치가 없는 모의투자나 다름없다는 것이다. 똑똑하지 않아도, 비상한 아이디어가 없어도 여러분이 실행을 잘하는 사람이라면 이미 상위 1%에 속한다. **'실행'이 곧 자신에 대한 '최고의 투자'다. 실행 안에 '천재성'과 '힘', '마법'이 있음을 믿고, 무엇을 목표로 하든 걱정과 두려움을 멀리하고 지금 '바로' 시작해보길 바란다.**

삶의 방향성과
시간의 벤처투자

"승자들은 자신이 어디로 가고 있는지,

그 길을 가면서 무엇을 할 계획인지,

그 모험을 누구와 함께할 것인지 말할 수 있다."

"Winners can tell you where they are going,

what they plan to do along the way,

and who will be sharing the adventure with them."

– 데니스 웨이틀리Denis E. Waitley

인생은 마라톤이다. '죄수의 딜레마'처럼 한 번의 선택으로 끝나는 게임이 아니다. 수많은 의사결정이 여러분 앞에 펼쳐져 있으며, 그 선택들은 모두 연결되어 있다. 하나의 의사결정이 이후에 펼쳐질 삶을 좌지우지할 수도 있고, 한 번의 선택이 삶을 송두리째 바꿔놓을 수도 있다. 여러분이 아무 생각 없이 한 오늘의 작은 선택들이 앞으로의 인생을 되돌릴 수 없을 만큼 바꿔놓았는지도 모른다. 오늘의 선택이 여러분의 인생에서 가장 잘한 선택일 수도 있고, 혹은 여러분이 원하는 걸 영영 얻지 못하게 만든 선택일 수도 있다. 궁극적으로 원하는 게 무엇인지, 인생에서 가고자 하는 방향성이 없으면 그걸 얻을 확률은 점진적으로 줄어든다. 이는 뚜렷한 목적지 없이 자율주행 모드로 달리는 것과 같다.

생각보다 많은 사람이 자신이 궁극적으로 원하는 게 무엇인지 모른 채 살아간다. '생각대로 살아가는 삶'이 아니라 '사는 대로 생각하는 삶'을 사는 것이다. 우리는 20대의 하루를 어떻게 보내야 하는지 계획을 세울 때부터 '인생의 마지막에 어떤 모습으로 죽고 싶은지', '50살엔 어떤 삶을 살고 싶은지', '그러기 위해 30살엔 어떻게 살아야만 하는지' 탑다운(Top-Down) 방식으로 고민해나갔다. 우리가 추구하는 인생의 모습과 방향성은 지금껏 우리가 해온 의사결정들의 근거이자 바탕이 되었다.

우리는 우리 스스로를 하나의 '회사'라고 생각하며 살아간다. 여러분의 뇌는 CEO로서 각자에게 주어진 한정된 자원, 시간, 돈 등을 합리적으로 투자해야 한다. 목표에 대한 방향성과 달성 전략을 갖추지 않은 회사는 사회에서 도태되듯이, 여러분 역시 목표를 세우고 그곳에 도달하기 위한 전략을 수립해야 한다. 인생이란 긴 레이스에서 '방향 설정'은 매우 중요하다. 어디를 목표로 하고 있는지 모르면 자신이 어디까지 왔는지, 목표 지점에 얼마나 가까워졌는지도 알 수 없다. 같은 42.195km를 달렸어도, 목표를 확실하게 정해놓고 달린 사람과 길을 잃고 헤맨 사람의 성취감은 다르다.

목표는 ①인생의 목표, ②그 목표를 달성하기 위해 추구해야 하는 가치, ③그 가치를 얻을 수 있는 수단, ④그 수단에서 파생된 구체적인 세부 목표, ⑤그 형태를 이루기 위해 5년 안에 해야 할 것, 올해 해야 할 것, 이번 달에 해야 할 것, 오늘 해야 할 것 순으로 '장기 계획부터 단기 계획으로 내려오는 형식을 권하고 싶다. 인생의 목표는 '대통령 되기'와 같은 달성 중심의 목표일 수도 있고, '정직하게 산다'와 같은 과정 중심의 목표일 수도 있다. 만약 잘 떠오르지 않거나 방향성에 대해 의문이 든다면 스스로를 낯선 환경에 노출시켜보자.

과제를 하든, 글을 쓰든, 그림을 그리든 하나에 오랜 시간 몰두하다 보면 '내가 지금 잘하고 있는 건지', '내 앞에 있는 게 좋은 건지 나쁜 건지' 구별이 되지 않을 때가 있다. 그럴 때 1시간 정도 다른 것에 신경을 돌렸다가 다시 보면 신기하게도 어디를 고쳐야 할지, 어디가 좋고 어디가 나쁜지 한눈에 들어오게 된다. 낯익은 걸 일부러 낯설게 만들어 새로운 시각으로 볼 수 있게 하는 건 작가들 사이에서는 이미 오래전부터 내려오는 방법이다. 머리를 비우고 처음으로 되돌아가 자신의 생각과 확신을 의심해보는 것이다. 인생의 방향성에 있어서도 잠시 다른 길을 걷다 오면 '자신이 제대로 걷고 있는 게 맞는지' 조금 더 명확하게 보인다.

여러분의 인생 목표를 '최대한 오래 살면서 최대한의 행복을 수집하는 것'이라고 가정해보자. 그렇다면 여러분은 최대한 오래 살기 위해 추구해야 하는 가치, 그리고 여러분을 행복하게 하는 가치에 대해 고민하면 된다. 만약 여러분이 '주변 사람들에게 존경받고 좋은 영향을 끼치는 삶'을 통해 가장 큰 행복을 느낀다면, 여러분이 추구해야 할 가치는 '건강'과 '영향력'으로 좁혀진다. 건강과 영향력을 얻기 위한 수단은 다양하겠지만 대표적으로 시간적 여유, 자본, 유명세, 권력, 명예 등이 있을 것이다.

거기서 파생된 구체적인 세부 목표를 정해 보자. 시간적 여유, 자본, 유명세, 권력, 명예 등 각 분야에서 하나씩 정한다면 총 5개 정도의 세부 목표가 생길 것이다. 이 세부 목표는 '10억 원', '100억 원', '300만 팔로워' 같이 구체적인 값으로 정해도 좋고, '대한민국을 대표하는 자선가', '경제적 자유 얻기', '존경받는 아버지' 같은 추상적인 형태여도 좋다. 어차피 이후에 더 자잘한 실행 목표를 정할 것이기 때문이다. 세부 목표라고는 하지만 꽤 막막한 목표이기 때문에 이를 다시 잘게 쪼개는 작업이 필요하다. 그래야만 가장 먼저 뭘 해야 할지 감이 잡힌다.

여기까지 정한 것들이 '생각의 방향성'이라면, 앞으로 정할 것들은 여러분이 실제로 할 '행동의 방향성'이다. '오늘 하는 모든 행동'이 이 세부 목표에 도움이 되어야 한다고 생각하면 좋다. 사람마다 계획 수립에 대한 생각이 다르기에 하루 단위, 일주일 단위로 실행 계획을 짜라고는 못 하겠다. 하지만 삶의 방향성이 흔들리는 상황이거나 계획대로 잘 안되는 사람들이라면 반드시 시도해보는 것이 좋다.

물론 정해진 방향성이라고 해서 인생의 모든 것을 올인하고 맞출 필요는 없다. 왜냐하면 여러분이 정해놓은 방향성은 결국 '과거의 여러분'이 결정한 것이기 때문이다. 무릇 인간은 하루하루 다른 사람을 만나고, 새로운 것을 받아들이며 성장해 나간다. 1년 전의 자신과 현재의 자신이 완전히 똑같은 생각을 한다면, 이는 아무 발전도 이루지 못했다는 뜻일 수도 있다. 과거의 자신이 잘못된 방향성을 설정했다면, 발전한 현재의 모습으로 다시 올바른 길을 잘 잡아나갈 수 있어야 한다.

그러나 인간은 자신이 내린 결정을 통해 기존의 생각이나 신념을 확인하려는 경향이 있다. 행동경제학에서는 이를 '확증편향'이라고 이야기한다. 즉, 자신이 믿고 싶은 정보나 의견에 유리한 정보만 선택적으로 수용하고, 그와 반대되는 정보는 무시하거나 평가절하하는 '인지적 오류'를 일으킨다는 것이다. 확증편향에 빠진 사람은 자신이 확증편향에 빠졌는지 스스로 파악하기 어렵다. 그래서 이를 방지하기 위해 외부 시각의 도입은 필수적이다. 밖에서 보는 사람은 욕심 없이 상황을 바라보고, 기존의 입장을 깨부수는 것에 심리적 장벽이 없어 새로운 시각에서 생각할 수 있기 때문이다.

그래서 이따금 멀어져 볼 필요가 있다. 우리는 인생의 자원을 8:2로 배분하는 게 좋다고 생각한다. 예컨대 인생에서 쓸 수 있는 가용 시간이 10이라고 했을 때, 8은 인생의 방향성에 투자하고, 2는 방향성과 전혀 상관없어 보이는 곳에 투자하는 것이다. 새로운 취미를 가진다든가 무언가에 몰입하는 일들이 이런 활동일 것이다. 경험한 것들을 기록하거나, 평소에 보지 않던 영화나 드라마를 보는 것 역시 하나의 노력이 될 수 있다. 이 2만큼의 노력을 우리는 '시간의 벤처투자'라고 부른다. 인생의 방향성에 도움이 안 될 것 같은 이 시간들이 장기적으로는 오히려 도움이 되는 경우가 많았다.

스티브 잡스는 스탠퍼드 대학교 졸업식 연설에서 'Connecting the dots'라는 개념을 소개한 바 있다. 그는 삶에서 겪은 다양한 경험들이 당시에는 별개의 '점'처럼 보였지만, 시간이 지나고 나서 이 점들이 서로 연결되어 현재의 자신을 형성했음을 알게 되었다고 말했다. 더불어 잡스는 "이러한 경험들을 미래를 예측하여 미리 연결할 수는 없지만, 과거를 돌아보면 그 의미를 이해할 수 있다"고 강조했다. 따라서 현재의 선택과 경험이 미래에 어떻게 영향을 미칠지 알 수 없으므로, 다양한 '점'들에 20%를 투자하는 것은 더 나은 삶의 방향성을 만드는 데 도움이 될 것이다.

구글에는 이와 비슷한 '20% 타임 룰'이 있다. 구글은 직원들에게 업무 시간의 20%를 자신이 맡은 프로젝트와 관련 없는 활동에 투자하라고 권고한다. 조건은 하나다. 구글에게 가장 도움이 될 것 같은 일에 시간을 투자하는 것. 기존 프로젝트보다 구글에게 더 도움이 된다고 생각하는 것이 있으면 회사의 방침과 상관없이 작업에 뛰어들 수 있다. 현실에 찌든 사람들은 다들 예상했겠지만, 실제로 '20% 타임 룰'은 80:20으로 시간이 분배되는 것이 아니라 100의 시간 동안 주어진 일을 하고 20의 시간 동안 야근을 하는 식으로 작동되었다. 하지만 새로운 일에 시간을 투자하는 일 자체의 효과는 나쁘지 않았다. 이 정책의 원조 격인 3M의 '15% 룰'은 글로벌 스테디셀러 제품인 '포스트잇'을 탄생시켰고, 구글의 '20% 타임 룰'은 구글의 대표 제품 중 하나인 '지메일', '애드센스' 등의 탄생에 지대한 영향을 주었다.

여기서 강조하고 싶은 것은 본인이 잘하는 본업에 확실한 우선순위를 두고 있어야 한다는 점이다. 80%의 시간 동안 20%에서 할 일을 생각하고 있으면 안 된다. 20% 때문에 본업에 소홀하게 되면 안 하는 것만 못하다. 시간의 벤처투자는 새로운 시장의 동향과 타이밍을 파악하는 '안테나' 역할이면 충분하다. 너무 잘하려고 노력하거나 빠르게 본업을 대체해야 한다는 조급함을 가질 필요가 없다는 뜻이다. 성장하는 시장이 오는 타이밍이라면 노력을 크게 쏟지 않아도 성과를 내기 시작할 것이다. 본업을 옮길 때를 고민해야 하는 시기는 부업이었던 분야의 시장이 너무나 빨리 성장해 본업보다 커져버린 이후다.

인생의 방향성은 언제 어떻게 바뀔지 모르고, 기회는 언제 어디서 찾아올지 모른다. 구체적인 목표를 향해 한 걸음 한 걸음 내딛으며 작은 성취를 쌓아가되, 뜻밖의 지름길을 찾을 수 있도록 가끔은 주변을 둘러보며 생각을 환기하는 시간을 갖자. 이것이 인생에서 '성취'와 '행복'이라는 두 마리 토끼를 다 잡는 길이라고 믿는다.

목표 수립의 가장 중요한 목적은 '그 목표를 달성하는 과정에서 얻는 변화'다. 목표를 추구하고 달성하는 과정 자체에서 성장이 이루어지기 때문이다. 목표가 '백만장자'라고 한다면, 백만 달러의 돈보다도 그 목표를 달성하면서 '백만 달러를 벌 수 있는 사람'으로 변화한다는 사실이 더 가치 있다. 백만 달러의 돈은 금방 잃어버릴 수 있지만, 백만 달러를 벌 수 있는 능력은 또 다른 백만 달러를 불러올 수 있다. 이는 천만 달러를 벌 수 있는 능력으로 올라가는 '발판'이 되기도 한다. '백만 달러를 벌 수 있는 능력'과 '백만 달러' 중 하나를 고르라고 한다면 우리는 주저하지 않고 '백만 달러를 벌 수 있는 능력'을 고를 것이다. 이는 '물고기'와 '물고기를 잡을 수 있는 능력' 사이에서 고민하는 것과 같다.

일을 열심히 하는 것도 좋지만, 일에 투자하는 것 이상을 스스로의 성장에 투자해야 한다고 생각한다. 흔히 '공부'나 '자기계발'이라고 칭하는 것들이다. 여러분이 '일'에 시간과 노력을 투자하면 생계를 유지하기에 충분한 돈을 벌 테지만, 돈을 버는 속도가 빠르게 올라가지는 않을 것이다. 그러나 여러분이 '나 자신'에 열심히 시간과 노력을 투자한다면, 돈을 버는 속도와 규모를 끊임없이 올릴 수 있다. 3배의 시간을 들여 3배의 일을 하고 3배의 돈을 버는 것보다 나은 게 뭘까? 바로 3배로 가치 있는 일을 하는 것이다. 자본주의 시장에서 돈은 더 열심히 하는 사람에게 주어지는 것이 아니라 더 큰 가치를 가져오는 사람에게 주어진다. 여러분이 시장에서 10배 가치 있는 사람이 되고 나면, 여러분은 남들만큼 일하면서도 10배의 돈을 벌 수 있다.

그래서 목표를 정할 때도 '스스로에게서 변화를 이끌어내는 목표'를 정하길 권한다. 너무 낮은 목표를 설정하면 스스로 성장할 필요가 없어진다. 열심히 노력할 필요도, 치열하게 고민할 필요도 없어진다. 무난히 목표 달성은 하겠으나 목표보다 더 가치 있는 변화와 성장을 이끌어내지는 못할 것이다. 자신이 지금 좇고 있는 목표가 스스로를 점점 더 가치 있고 매력적인 사람으로 만드는 목표인지 잘 생각해보자. 이번 목표를 통해 성장해야만 이후의 더 높은 목표를 바라볼 수 있다. 여러분이 지금보다 더 많은 돈을 벌 수 있는 이유는 지금보다 더 가치 있는 사람이 될 수 있기 때문이다. 스스로 성장하지 않으면서 통장 잔고가 성장하길 바라는 것은, 자기 관리를 전혀 하지 않으면서 매력적인 이성이 먼저 다가오길 바라는 것과 같다.

환경도
바꿔본 사람이 바꾼다

"우리는 환경의 산물일 수 있지만,

우리가 환경을 변화시키는 존재임을 잊지 말라."

"We may be products of our environment,

but let us not forget that we are also creators of it."

- 스티븐 코비|Stephen Covey

    단기적으로 보면 환경이 사람을 만들지만, 장기적으로 보면 결국 사람이 환경을 만든다. 10대까지, 후하게 쳐서 20대 중반까지는 환경 탓을 해도 된다. 본인의 환경에 대한 인지가 제대로 안 되어 있을 시기이기도 하고, 환경을 바꿀 능력과 시간이 부족하기 때문이다. 하지만 오랜 시간이 지나도록 그 환경을 벗어나거나 바꾸지 못하면, 그건 본인의 탓이다. 한 번 속으면 속인 사람의 잘못이지만, 두세 번 속으면 속는 사람에게도 문제가 있는 것이다.

지방에서 서울로 처음 상경했을 때, 강기태 작가는 적잖은 충격을 받았다. 이유는 이러하다. 그가 살던 지방에서는 토익 800점 8개월 반이라는 게 있었다. 이는 대기업이나 공공기관과 같은 선호도 높은 직장들의 채용 지원 기준인 '영어 토익 800점'을 받기 위한 취업준비생들을 겨냥한 수업이었다. 그걸 본 강기태 작가는 자연스레 '토익 800점은 웬만하면 8개월 이상은 걸리는구나, 그럼 군대 가기 전에 더 노력해서 5개월 안에 800점을 받아야겠다'라고 생각했었다. 그러던 중 서울 강남에 있는 모 영어학원에서 '2개월 800점 완성반'과 '1개월 800점 속성반'을 보게 된 것이다. 어딘가에서는 달성까지 평균 8개월, 최소 5개월~6개월이 걸리는 스펙을 '강남'이라는 곳에서는 평균 2개월, 최소 1개월을 잡고 있었다.

그때 강기태 작가는 사람들이 '학군'을 왜 중요하게 생각하는지, 왜 좋은 환경을 구축하려고 그렇게 열을 올리는지 이해하게 되었다. 좋은 학군을 원하는 것은 양질의 교육은 물론이고, 양질의 교육을 받는 사람들을 주변에 두기 위함도 있었다. 성취 수준을 높이고 싶고, 더 잘하고 싶거나 배우고 싶은 열망과 열의를 가진 사람이 주변에 없다면 문제가 될 수 있었다. 이후 강기태 작가는 자신이 가지고 있는 것들을 활용해 최대한 좋은 환경을 구축하고자 노력했다. 처음에는 더 많은 경험을 할 수 있는 '지역 이동'을 결정했다. 더불어 대학에서는 학교생활을 열심히 하는 사람들과 어울리기 위해 노력했다. 학기 초반이라 어색하고 서로 잘 모르는 상황에서, 오리엔테이션 때 제일 앞에서 열심히 듣고 있는 사람들에게 찾아가 자신을 소개하고 팀플을 함께하자고 제안하기도 했다. 집중하며 경청하는 사람들은 대부분 학과성적도 좋았다. 대학생활의 팀플은 늘 그런 사람들과 함께였기에 매번 성공적이었다.

도서관에서 자주 마주치는 선배들과는 특히 친하게 지냈다. 제대후 복학해서 1학년 2학기를 지날 때쯤, 함께 도서관에 다니던 형은 취업준비생이었다. 또한, 학교 밖에서 더 열정적인 사람들을 만나기 위해 각종 대외활동에 도전했다. 그는 자신보다 뛰어난 학생들을 보며 많은 자극을 받았고, 이는 더 높은 성장 욕구를 만드는 계기가 되었다. 직장에 들어간 이후에는 대기업 직장인들과 전문직 모임을 만들어 다채롭고 열의가 넘치는 환경을 만들기 위해 노력했다. 퇴사 후에도 앞서 언급한 '젊은 부자들의 모임'을 만들어 새로운 환경을 끊임없이 만들고자 했다. 이런 과정에서 한정수 작가를 만나 한 팀을 이루게 된 것이다. 우리는 지금도 여전히 새로운 환경 속에서 다양한 자극을 받고 있다. 아마 앞으로도 새로운 환경이 필요하다면 무엇이든 도전하고, 구축해나갈 것이다.

우리 주변에서 우리가 제일 못났어도 크게 개의치 않는다. 오히려 좋은 일이라고 생각한다. 보고 배울 사람이 더 많다는 뜻이기 때문이다. 그렇게 노력한 끝에 우리는 우리 주변을 우리보다 훨씬 훌륭한 분들로 채울 수 있게 되었다. 현재에 만족하고 있다면 이런 고민을 할 필요도 없겠지만, 우리는 더 많은 것을 누리기 위한 고민과 노력을 지금도 지속하고 있다.

물론 환경을 바꾸고 싶다고 해서 모두가 마음대로 바꿀 수 있는 것은 아니다. 특히 '주변 사람'을 바꾼다는 건 말처럼 쉽지 않다. 가령 여러분이 주변에 두고 싶은 사람이 여러분과 격차가 큰 사람이라면, 아예 만나주지도 않는 경우가 많기 때문이다. 자수성가한 재벌이나 연예인과 친하게 지내고 싶다고 해서 그들과 쉽게 접촉할 수 없는 것처럼 말이다. 만나주지 않는다고 떼를 쓸 수는 없다. 안 만나준다면, 만나고 싶게 만들어야 한다. 그러기 위해서는 여러분이 먼저 여러분의 체급을 키우는 수밖에 없다. 여기서 말하는 '체급'이란 함께 어울리고 싶은 능력이 될 수도 있고, 인간적인 매력이 될 수도 있다.

물론 사람을 등급으로 나눌 수는 없고, 사람이 사람을 만나는 데 급이 중요한 것도 아니다. 하지만 생각과 대화의 수준이 맞지 않으면 상호관계에서 가치를 찾을 수 없다. 바쁜 현대 사회에서 사람들은 시간 낭비를 최소화하기 위해 관계 시작 전 서로의 체급을 가늠한다. 이는 상대가 어떤 업적을 세웠는지, 어떤 직업을 가졌는지, 얼마나 똑똑하고 현명한지, 누구와 친한지, 얼마나 돈이 많은지, 외모가 얼마나 매력적인지, 어느 정도의 자신감을 갖고 있는지 등을 종합적으로 고려해 이루어진다. 궁극적으로 '친해지고 싶게 만드는 매력'이 있느냐 없느냐가 중요한 것이다. 이 '매력도'를 꾸준히 키우지 않는다면, 주변 사람을 여러분이 원하는 사람으로 채우기가 상당히 어렵다.

자신의 체급을 키우고 싶어 하는 친구들에게 추천하는 건 단연 '유튜브'다. 비교적 쉽고 빠르게 체급을 높이고 인사이트를 넓힐 수 있는 수단이기 때문이다. 본인의 팬층이 생기고, 사업 경험이 생기고, 본인의 분야와 시장에 대한 인사이트가 생긴다. 유튜브를 키우는 과정에서 생기는 장점 역시 무궁무진하다. 유튜브는 이 책을 읽는 모두에게 강력하게 추천할 수 있을 만큼 범용성이 높고, 진입장벽 또한 낮다.

유튜버의 체급과 영향력은 '조회 수'와 '구독자 수'로 나타난다. '일반 직장인'과 '10만 명의 구독자를 보유한 유튜버 직장인'은 만나게 되는 기회의 질과 양 자체가 다르다. 각종 강연, 방송 섭외 요청이 들어오고 언론 인터뷰 요청이 들어오기도 한다. 자신의 얘기를 듣는 사람을 10만 명이나 모았다는 것은 대단한 일이다. 엄연한 미디어 기업이자 걸어 다니는 언론사 역할을 할 수도 있다.

직장의 경제적 의존도를 낮춰주는 부수입이 생긴다는 점도 좋다. 우리도 직장을 다니며 유튜브에 영상을 올리던 때가 있었는데, 광고 수익과 멤버십 수익을 합해 많게는 월 수백만 원에서 천만 원에 달하는 매출이 발생했다. 구글이 떼 가는 수수료를 빼고도 월 약 600만 원 정도의 수익을 냈으니, 배당주로 치면 약 10억 원을 투자한 셈이다. 큰 수익을 보는 데 도움을 받은 구독자들이 흔쾌히 후원해주는 투자 분야의 특성이 한몫하긴 했지만, 시청자들에게 가치를 제공하고 팬덤을 키우면 어느 분야에서나 안정적인 부수입을 올릴 수 있다.

물론 이렇게까지 채널을 키우고 운영하는 것이 쉬운 일은 아니다. 카메라 한 대로 쉽게 월 수백만 원을 벌 수 있을 거라는 생각도 어불성설이다. 운만 좋으면 성공할 수 있다고 오해하는 사람도 있지만, 분명한 건 '누구나' 채널을 키울 수 있지만 '아무나' 성공할 수는 없다.

유튜브 채널을 꾸준히 잘 성장시키는 것은 하나의 사업체를 성공적으로 이끄는 것과 비슷하다. 사업으로 성공을 거두기가 어려운 만큼 유튜브 채널을 성공으로 이끄는 것 역시 쉬운 일이 아니다. 유튜브는 콘텐츠의 분야에 따라 수입의 편차도 크고, 즉각적인 성공을 기대할 수도 없다. 처음부터 돈을 생각하고 시작하면 지속하기 어려운 까닭이다. 장기투자자가 초기에 돈 벌 생각을 하지 않듯, 유튜브도 장기적인 관점에서 접근하는 것이 바람직하다. 그리고 그렇게 해야 부담 없이 재미있게 할 수 있다.

우리 역시 마음의 진입장벽 때문에 유튜브를 시작하기까지 꽤 오랜 시간이 걸렸다. 유튜브를 시작하기 전, 몇 년간 유튜브 시장의 성장세를 지켜봤지만 직접 영상을 올릴 생각은 하지 않았다. 유튜버는 타고난 사람만 하는 것 같았고, 우리의 삶이 특별히 재미있다고 생각하지도 않았기 때문이다. 우리 스스로의 삶에 너무 익숙해져 버린 탓도 있다. 그러나 분명한 것은 누구나 도전할 수 있는 분야이고, 노력한다면 성공할 확률이 높아진다는 것이다.

여러분의 삶과 완전히 다른 삶을 사는 사람들에게는 여러분이 당연하게 여기는 것들이 당연하지 않을 수 있다. 여러분의 일상, 보고 느끼는 것들, 세상을 바라보는 시각 등이 어떤 이들에게는 신선한 콘텐츠가 될 수 있다는 뜻이다. 타인의 삶이 아무리 단조롭더라도 그런 삶을 궁금해하고 간접적으로나마 경험하길 원하는 사람들도 많다. 여러분은 스스로 평범한 사람 중 하나라고 생각할 수도 있지만, 실제로 우리 모두는 80억 명 중 '단 한 명의 특별한 스토리'를 가진 채로 살고 있다. 저마다의 삶은 그 자체만으로도 아주 고유한 특성이 있는 것이다.

어느 날 갑자기 인플루언서가 되라는 말이 아니다. 유튜브나 소셜미디어는 어디까지나 '도구'일 뿐이다. 최근 청년들 사이에서 화제가 되어 많은 영향을 끼친 조던 피터슨 교수는 유튜버나 인플루언서가 아니다. 유튜브나 소셜미디어를 기반으로 활동하고 책을 쓰고 강연을 다니지만 정체성을 거기에 두고 있지 않다. 그저 자신의 생각과 철학을 온라인이라는 도구를 통해 전달할 뿐이다. 특히 요즘은 인터넷을 통해 본인의 생각을 전파하기가 어느 때보다 쉬워졌다. 다시 말해, '현실에서 보고 싶은 것'을 콘텐츠로 만들어내기만 해도 성공할 수 있다는 것이다. 유튜브에 장기적으로 투자할 수 있는 '부담 없는 체제'를 만들어 놓고 콘텐츠 자산을 천천히 축적하다 보면 "왜 더 일찍 시작하지 않았을까?" 하는 생각을 갖게 될 것이다.

이는 당장의 환경을 바꾸는 데 충분한 도움을 준다. 유튜브를 비롯한 SNS 채널을 키우는 모임에만 나가더라도 새로운 환경이 구축되는 것이다. 젊은 사업가 모임 등은 각종 채널이나 영향력이 큰 인플루언서들이 주축인 경우가 많다. 반드시 이런 모임이 아니더라도, 완전히 '시작 단계'에 있는 사람들을 모아서 만날 수도 있다. 본인이 성공하지 못하더라도, 이 중 잘 되는 사람이 한 명쯤은 나올 것이다. 그럼 기존에 없었던 '성공한 유튜버', '성공한 인플루언서'라는 인간관계가 자연스레 생기며, 새로운 환경이 또다시 구축되기 시작한다. 무엇보다 직접적으로 모임을 만들지 않더라도, 해당 분야에서 자신의 존재를 세상에 알리고 어필하면서 다양한 사업적 기회를 얻을 수 있다. 비록 그 숫자가 적더라도 '나를 지지해주는 사람들이 어딘가에 존재하는 환경'이 구축된다는 것만으로도 일단 큰 가치를 지닌다.

풍요로운 해방자의
마인드 세팅

　'선한 영향력' 이야기를 하는 사람을 가장 조심하라는 말이 있다. '선한 영향력'이라는 단어를 입에 달고 살면서 사기를 치고 다녔던 사람들이 여럿 있었기 때문이다. 그래서 일부 사람들은 '선한 영향력'을 강조하는 사람일수록 돈에 미쳐 있다고 생각한다.

　하지만 실제로 부자가 되기 위한 여정에 있는 사람들에게 "부자가 되면 무엇을 하고 싶냐"고 물으면 "내가 가진 능력으로 많은 사람을 돕고 싶다", "기부도 하고 나보다 더 힘든 사람들을 돕고 싶다"와 같은 대답이 주를 이룬다. 이는 단순히 보여주기식 답변이 아니며, 이를 통해 사람들의 내면 깊은 곳에 '타인에게 도움을 주고 싶은 마음'이 있음을 알 수 있다. 말하자면, 개인의 자산 증식에서 나오는 기쁨과는 성격이 전혀 다른 기쁨인 것이다.

경제적으로 안정되지 않은 상태에서는 이런 바람이 사치로 느껴질 지도 모르지만, 남과 나누는 것이 반드시 물질적 자산일 필요는 없다. 지식이나 경험, 시간, 심지어 따뜻한 말 한마디도 누군가에게는 큰 위로와 영감을 줄 수 있다는 것이다. 진정한 나눔은 마음의 방향성에서 결정된다. 풍요로운 해방자는 자기 자신만을 위해 살지 않고, 자신이 얻은 풍요로움으로 타인에게 자유를 선사한다. 개인적인 성공을 넘어, 더 나은 세상을 만들어가는 것이다. 이들은 베풂을 통해 더 큰 기쁨과 성취감을 느끼며, '나눔'을 자신을 성장시키는 '원동력'으로 활용한다.

삶의 궁극적인 목표는 단순히 많은 것을 소유하는 데서 그치지 않는다. 풍요로운 해방자는 나눔과 연결, 그리고 더 나은 가치를 추구하는 과정에서 삶의 깊이를 깨닫는다. **이들이 남들보다 특별히 착하다거나 선해서 타인에게 베푸는 마음을 갖는 것은 결코 아니다. 또한 자신보다 남들을 더 생각하는 이타적인 사람도 아니다. 이타심도 스스로를 소중히 여기지 않으면 가질 수 없는 마음이기 때문이다. 우리도 누구보다 스스로를 위한 삶**

을 살아가며, 타인보다 우리 자신을 먼저 돌보는 개인주의적인 사람들이다. 다만, 이왕이면 나쁜 영향보다는 좋은 영향을 주는 것을 추구하며, 여유가 된다면 누군가에게 도움을 주고 싶은 것이 우리의 큰 욕망 중 하나다. 이것은 우리가 유별난 것이 아니라, 인간의 사회적인 본성과도 연결된다.

미국의 심리학자 매슬로우의 '욕구단계설'에는 타인과 좋은 관계를 맺고, 타인에게 존중받고자 하는 '사회적 욕구'와 '존중 욕구'가 나온다. 남들에게 좋은 영향을 끼치는 행동은 이들의 감사를 통해 자기만족감으로 다가온다. 실제로 '이타적 행위'에서 오는 행복의 '지속 가능성'이 높다는 연구 결과도 있다. 다른 사람에게 베푸는 행위는 몇 번을 반복하더라도 그 행복감이 줄어들지 않는다는 것이다. 앞서 말한 '쾌락 적응'의 예외적 사례다. 시카고대학 연구진이 미 심리과학협회 저널《Psychological Science》에 발표한 연구에 따르면, 반복적인 소비나 행동에서 느끼는 행복감은 보통 시간이 지나면서 감소하는데, 기부를 하거나 '주는 데서 오는 기쁨'은 이 법칙을 비껴간다.

이러한 측면에서 이타심을 이기심과 반대되는 말로 볼 수만은 없다. 이타심은 실제로 이기심보다 도움이 되기도 한다. 애덤 그랜트는 글로벌 베스트셀러《기브 앤 테이크》를 통해 '테이커(Taker)'와 '기버(Giver)'를 정의했다. 테이커는 자신의 이익을 최우선으로 하며, 주로 개인적인 성공에 초점을 맞춘다. 타인을 이용하거나 필요할 때만 관계를 맺는 경우가 많다. 단기적으로는 빠르게 성공할 수 있어 매력적으로 보이지만, 시간이 지남에 따라 신뢰를 잃고 관계가 고립될 가능성이 크다. 반면 기버는 다른 사람의 성공을 돕는 데 집중하며, 자신보다 타인의 이익을 우선시한다. 단기적으로는 손해를 보는 것처럼 보일 수 있으나, 장기적으로 신뢰와 관계를 통해 더 큰 성공을 이루게 된다. 장기적으로 성공하는 사람들은 대부분 기버와 같은 태도를 가진 경우가 많은데, 우리가 만난 '풍요로운 해방자'들은 대부분 이런 기버의 성향을 갖고 있었다.

게임 이론은 '사람들이 의사 결정을 내릴 때 서로의 행동에 영향을 주고받는 상황을 분석'하는 학문이다. 이 중에서도 대표적인 사례인 '죄수의 딜레마'는 두 사람이 협력할지 배신할지 고민하는 상황을 가정하는데, 기버와 테이커의 입장에서 이 사례를 풀어볼 수 있다. 상황은 이렇다. 경찰은 두 명의 공범(죄수 A와 죄수 B)을 체포했지만, 확실한 증거가 부족한 상황이다. 그래서 경찰은 각 죄수에게 이렇게 제안한다. 상대방을 고발하면 자신은 가벼운 형벌(1년)만 받고, 상대는 무거운 형벌(10년)을 받는다. 이 상황에서 둘 다 입을 다물면 2년씩의 가벼운 형벌을 받는다. 하지만 둘 다 고발하면 각자 5년씩의 형벌을 받는다. 서로 협력해 둘 다 침묵하는 게 가장 좋은 결과에 가깝다(각자

죄수의 딜레마 표 >>>

구분		용의자 2	
		입다물기	고발
용의자 1	입다물기	징역 1년 / 징역 1년	석방 / 징역 10년
	고발	징역 10년 / 석방	징역 3년 / 징역 3년

2년씩). 그러나 각자가 자신의 이익을 위해 서로를 배신하면서 둘 다 손해를 본다(각자 5년씩).

이 죄수의 상황에서 개인적으로 가장 유리한 선택은 상대방을 배신하는 것이다. 배신하면 상대보다 더 가벼운 형벌을 받을 수 있기 때문이다. 하지만 인생은 '죄수의 딜레마' 같은 단판 게임이 아니라 수많은 게임이 반복되는 장기적 과정이다. 매 순간 다른 사람들과 협력하고 경쟁하면서 관계를 쌓아가야 하고, 자신이 선택한 행동은 나중에 반드시 자신에게 영향을 미친다. 사람들은 계속 여러분의 행동을 지켜보고 있기 때문이다. 여러분이 항상 배신을 선택하는 걸 본 주변 사람들은 여러분과 함께하길 꺼리고, 협력보다는 먼저 배신하려고 노력할 것이다. 더욱이 한 번 배신한 사람은 신뢰를 다시 쌓기 어렵다.

　기버는 단기적으로 약간의 손해를 보는 것처럼 보일 수 있지만, 장기적으로는 신뢰를 얻고 협력적인 관계를 통해 더 큰 이익을 얻는다. '평판'이라는 사회적 자본을 축적하고, 주변 사람들에게 '믿을 수 있는 사람'이라는 이미지를 심어주기 때문에 성공 가능성이 훨씬 커진다. 누군가를 돕는 과정에서 새로운 관계가 형성되고, 예상치 못한 배움과 인사이트를 얻게 되는 경우도 많다. 이는 단순히 물질적 보상을 초월한, 삶의 질적 풍요를 가져다준다.

　인간은 '사회적 동물'이기에 사회적 유대감이나 사회적 평판에서 얻는 행복이 크다. 상대에게 기쁨을 주거나 선물을 주는 행동은 단순히 물질적 교환에서 그치는 게 아니라, 남들과의 사회적 관계 속에서 의미 있는 역할을 하고 있다는 만족감을 준다. 이런 상호작용에서 오는 행복은 물질적인 것에서 오는 행복에 비해 '쾌락 적응'이 덜하기에 이를 이용하면 지속적인 행복을 느낄 수 있다. 이룰 만한 업적은 다 이뤘다고 느껴지는 사람들이 여생을 기부와 교육에 쏟는 이유도 여기에 있을 것이다. 더 이상 성취에서 행복을 얻을 수 없는 상태에서는, 남에게 베푸는 것만이 '끊임없는 행복을 느낄 수 있는 거의 유일한 방법'일지도 모르니까.

풍요로운 해방자들이 나눔을 많이 하는 까닭은 '매사에 감사할 줄 아는 사람'이기 때문일 것이다. 매사에 감사한다는 말이 조금 진부하게 들릴 수도 있지만 진정한 감사는 단순히 '주어진 것에 대한 만족'만이 아니다. 자신에게 주어진 상황을 인정하고, 가진 것을 활용해 다음 단계를 어떻게 개척할지 고민하는 것이다. 이런 태도는 세상을 바라보는 시각을 완전히 바꿔놓는다.

해방자는 돈이라는 '기준'을 최우선으로 두지 않기에, 물질적 부족함에 더는 큰 불만을 갖지 않는다. 대신 자신에게 주어진 상황을 더 나은 방향으로 이끄는 데 집중한다. 그 과정을 도와주는 것이 다름 아닌 '감사'다. 감사란 현재 자신이 처한 상황에서 배울 점과 기회를 발견하는 또 다른 능력이다. 비록 상황이 어렵고 힘들지라도, 그 속에서도 얻을 수 있는 작은 깨달음이나 성장은 반드시 존재한다. 해방자는 힘든 상황에서도 감사함을 찾으며, 그것을 바탕으로 다음 선택을 준비한다. 좋은 것을 당연하게 여기지 않고, 안 좋은 상황에서도 배우고 성장할 기회를 찾는 것이다.

운 역시 '감사'와 '긍정'에서 비롯되는 경우가 많다. 운은 누구에게나 비슷하게 존재하며, 준비된 사람만이 그 운을 잡을 수 있다. 그래서 평소에 자신이 가지고 있는 것에 집중하고, 그것이 어떤 기회를 잡을 수 있는지에 대해 생각해야 한다. 즉, 감사하는 마음은 세상에 대한 열린 태도를 만들어내며, 이를 통해 기회와 가능성을 발견할 수 있다. 해방자는 이러한 태도를 통해 운이 오기만을 기다리는 것이 아니라, 이미 주어진 기회를 인지하고 그것을 적극적으로 활용할 수 있게 된다.

감사는 행동을 이끄는 원동력이다. 해방자는 감사함을 통해 자신감을 키우고, 이를 바탕으로 새로운 기회를 만들어간다. 일생일대의 기회가 주어진다고 해도, 그것을 잡는 것은 결국 자신의 몫이다. 앞서 얘기했던 "봤지? 내가 그때 이렇게 된다고 했잖아. 내가 했으면 대박인데!"라고 말하는 사람들을 생각해 보자. 이런 사람들은 자신이 맞이했던 기회를 인지하지 못한 채, 스스로 그 기회를 놓친 것 또한 자각하지 못한다. 그러나 해방자는 그것에 감사하고, 다시 기회를 찾는 동력으로 삼는다. 더불어 붙잡지 못했던 스스로의 능력을 개발하고, 부족했던 자신감을 채워나간다. 그래서 해방자는 감사하는 마음과 자신감을 동시에 갖는다. 감사는 자신감을 키우고, 자신감은 더 많은 기회를 발견하게 한다.

감사하는 마음은 단순히 좋은 태도가 아니라 삶을 대하는 '철학'이다. 이미 수많은 기회가 여러분을 스쳐 지나가고 있고, 동시에 그중 대부분을 놓치고 있다. 그 좋은 기회들을 놓치지 않기 위해서는 지금 자신의 삶에서 감사할 점을 찾고, 그것을 기반으로 원하는 삶을 스스로 만들어가는 자세가 필요하다. '해방자'는 바로 이 철학을 중심으로 살아가는 사람들이다.

인생의 공략집,
책을 사랑하라

우리의 인생은 공통적으로 독서를 통해 크게 바뀌었다. 강기태 작가는 군 복무 중 1년에 100권 이상의 책을 읽었으며, 한정수 작가 역시 사회초년생일 때 '1년에 100권 읽기'를 실천했다. 지금까지도 매년 최소 30권 이상의 책을 읽는다. 100권의 책을 읽기 전과 읽은 후, 우리는 완전히 다른 사람이 된다. 책을 읽는다는 것은 작가를 만나 대화를 나누는 것과 같고, 사람을 만난다는 것은 그가 쓴 책을 읽는 것과 같다. 우리는 100권의 책을 읽는 것이 젊은 부자 100명을 만나 대화를 나누는 것만큼 유익하다고 생각한다.

우리 외에도 많은 사람이 책을 통해 인생을 바꾸었다. 부자이자 해방자인 사람들은 대부분 책을 가까이하고 즐겨 읽는다. 심지어 빌 게이츠와 워런 버핏은 지금도 책을 달고 산다. 독서는 단순히 '지식을 쌓기 위한 활동'이 아니다. 독서는 삶의 태도와 방향을 다듬고, 더 나은 선택을 이끌어 내는 일종의 도구다. 책은 해방자들에게 새로운 세상을 열어주는 창이며, 자신과 세상을 이해하는 통로다. 한 권의 책이 새로운 관점을 제공할 때, 그들은 그들 자신이 기존의 사고에 얼마나 갇혀 있었는지를 깨닫는다. 예를 들어, 애덤 그랜트의 《기브 앤 테이크》는 단순히 성공을 위한 전략서가 아니라, 타인과의 관계를 재해석하고 협력의 가치를 배우는 계기가 되어준다. 100권의 책을 읽는다면, 세상을 열어주는 창이 100개가 더 생기는 셈이다.

사고의 폭은 다양한 경험을 통해 확장된다. 세상의 모든 것을 경험한 사람은 경험이 적은 사람보다 훨씬 넓게, 훨씬 멀리 볼 수 있을 것이다. 세상 모든 일을 직접 경험할 수 있으면 좋겠지만, 우리는 다양한 물리적 한계와 시간적 한계에 부딪힌다. 그래서 '직접 경험'보다 '간접 경험'을 통해 사고의 폭을 넓히는 것이 훨씬 효율적이다. 책은 바로 이러한 과정에서 매우 중요한 역할을 한다. 독서는 사고의 폭을 넓혀주는 가장 효과적인 간접 경험 중 하나다. 다양한 주제의 책을 읽으며, 자신이 미처 경험하지 못한 세상을 간접적으로 체험하고 이를 통해 사고의 폭을 무한히 넓혀갈 수 있다. 무엇보다 자신의 주관을 강화하고, 해방자로서 돈의 굴레에서 벗어난 선택을 '지속'할 수 있게 된다. 그렇게 책은, 단순한 지식의 보고가 아니다.

돈의 굴레에서 벗어난 풍요로운 해방자는 선택의 기준을 돈이 아닌 '가치와 의미'로 삼는다. 하지만 이러한 사고방식을 유지하기 위해서는 지속적인 성찰과 배움이 필요하다. 왜냐하면 사람들을 '종속자'로 이끄는 수많은 광고 메시지와 사회통념에 끊임없이 노출되어 있기 때문이다. 이는 해방자로 사는 삶의 지속성을 어렵게 만든다. 이 과정에서 책은 일상의 나침반 역할을 한다. 삶의 방향성을 잃을 때, 책은 다시 길을 더듬어 갈 수 있게 해주는 중요한 도구다. 책 속 이야기는 삶의 본질에 대한 통찰을 제공하고, 때로는 마음의 평안을 준다. 특히, 철학서나 역사서는 긴 시간 동안 변하지 않는 '진리'를 깨닫게 하며, 단기적인 유행이나 외부의 압박에 흔들리지 않게 돕는다. 우리가 꾸준한 독서를 통해 우리들의 관점을 정기적으로 점검하는 까닭이기도 하다. 세상은 끊임없이 복잡해지고, 정보는 넘쳐난다. 하지만 그 안에서 중요한 것을 놓치지 않기 위해서는 본질을 이해하고, 스스로의 가치를 지키는 능력이 필요하다.

책은 곧 행동으로 이어진다. 독서는 생각의 변화를 만들어내고, 생각의 변화는 행동의 변화를 만들어낸다. 나아가 행동의 변화는 삶을 통째로 바꾼다. 해방자가 되는 과정에서 독서는 매우 안정적인 디딤돌이 되며, 해방자가 되고 나서도 여전히 책을 가까이하게 될 것이다. 독서는 단순히 머릿속에 머무르는 현상이 아니다. 풍요로운 해방자는 책에서 배운 내용을 자신의 삶에 적용함으로써 남들보다 빠르게 성과를 이뤄낸 사람들이다. 그들에게 책은 단순한 정보나 영감의 제공자가 아니라 행동의 촉매제다. 예컨대 자기계발서나 성공 사례를 다룬 책을 읽은 후, 그들은 그 내용을 바탕으로 계획하고 실천해 나간다는 것이다.

또한 해방자는 독서를 '결과 중심적'으로 소비하지 않는다. 어떤 책은 결과보다는 과정에 집중하도록 도와주며, 이를 통해 해방자는 자신의 목표를 단기적 성과에 두지 않고 지속 가능한 성장과 평화로운 삶에 둔다. 그것이 스스로의 삶을 풍요롭게 만드는 데 유리하다는 걸 제대로 인지하고 있기 때문이다. 독서는 단순히 답을 얻기 위한 행위가 아니기에, 풍요로운 해방자는 끊임없이 질문을 만들어낸다. 질문을 던지고, 그 과정에서 새로운 관점을 계속해서 발견하는 것이다.

"내가 정말 원하는 삶은 무엇인가?"
"이 책이 말하는 가치는 내 삶에서 어떻게 적용될 수 있을까?"

"내가 변화시킬 수 있는 세상의 모습은 어떠한가?"

　이러한 질문은 해방자가 스스로를 더 깊이 이해하고, 더 나은 결정을 내릴 수 있도록 돕는다. 결국, 책은 새로운 '가능성'을 열어주는 견고한 열쇠가 된다. 혼자 책을 읽는 게 왠지 어렵다면 독서 모임을 나가는 걸 추천한다. 모임에 참여하기 위해서라도 '강제로 책을 읽게 되는 효과'가 분명 있기 때문이다. 그렇게 책은 강제로라도 읽을 가치가 있다. 또 사람들과 책에 대한 깊이 있는 이야기를 나누다 보면, 모르고 지나쳤던 구절의 새로운 의미를 찾을 수도 있다. 한정수 작가는 신입사원 시절 동기들끼리 '공간지각'이라는 독서 모임을 만들어 주말마다 모여 책에 대한 얘기를 나눴으며, 강기태 작가는 독서 모임 '세빛'을 지금도 운영하고 있다. 이 모임들은 두 작가가 꾸준히 책을 읽고 사랑하는 데 큰 역할을 해주었다.

　우리의 독서 스타일이나 책 선택 방법도 공유해볼까 한다. 정답은 없기에 본인의 목적과 성향에 맞게 선택하면 된다. 한정수 작가의 경우 '보물찾기'하듯 독서에 접근한다. 유용한 정보와 지혜로운 인사이트를 찾는 것이 주목적이기 때문이다. 넷플릭스 같은 OTT 플랫폼에서도 영화보다는 다큐멘터리를 더 많이 보고, 독서도 문학보다는 비문학 영역에 집중한다. '한 권의 책에서 한두 개 정도의 훌륭한 문장이나 인사이트를 얻으면 성공'이라고 생각하기 때문에, 책 한 권을 붙잡고 천천히 음미하기보다는 최대한 많은 책을 읽는다. 유익하고 매력적인 요소 발굴에 좀 더 집중하는 것이다.

처음 독서 습관을 들일 때는 자서전 위주로 읽었다. 자서전에는 일반론적인 책들에 비해 피부에 와닿는 내용이 많이 담겨 있으며, 한 인물의 성장 서사를 보면 현재 자신이 걷고 있는 단계에 맞는 인사이트를 얻을 수 있다. 분야를 막론하고 자서전을 쓸 정도의 인물에게서는 무언가 하나씩은 꼭 배우게 된다. 현재는 예술, 법, 정치, 사회 등 분야를 가리지 않고 읽으며 10권 내외의 책을 병렬독서한다. 워낙 다양한 분야의 책이 있기에, 읽고 싶은 책을 그때그때 골라 읽는 것이다. 그래서 책상, 거실, 침실, 화장실, 사무실 등의 생활 반경에는 항상 책갈피가 꽂힌 책들이 놓여 있다.

또 다른 독서 습관은 '재미없는 부분은 훅훅 넘기면서 읽는 것'이다. 이 간단한 습관이 독서의 양과 질을 엄청나게 높여주었다. 책은 '정해진 속도로 봐야 하는 영화관의 영화'와 달리 소비의 속도나 순서를 마음대로 정할 수 있는 매체다. 이 장점을 최대한 활용해야 한다. 작가가 글을 잘 쓰지 못한다거나 똑같은 얘기를 쓸데없이 반복하면 유튜브 영상을 10초씩 건너뛰듯이 페이지를 빠르게 넘기는 것이다. 책도 결국 사람이 쓰는 것이기에 문장을 지나치게 어렵게 쓴 부분도 있고 논리가 안 맞는 부분도 많다. 그러나 일부 사람들은 책을 끝까지 완독해야만 제대로 독서를 했다고 생각하고, 잘 흡수되지도 않는 책을 전전긍긍 붙들고 있다가 독서 자체를 싫어하게 되기도 한다.

책, 혹은 저자의 권위가 높다고 해서 억지로 꾸역꾸역 읽을 필요는 없다. 책을 읽는다는 건 저자를 사귀는 것과 비슷하다. 성향이 전혀 안 맞는 사람과 계속 친구로 지낼 수는 없듯, 자신과 전혀 안 맞는 책을 붙들고 있는 건 분명한 시간 낭비다. 그 시간만큼 '본인에게 진짜 유익한 책을 읽을 시간'을 뺏기는 셈이다. 때로는 책의 권위를 무시해야만 독서를 온전히 활용할 수 있다.

독서를 알차게 활용하기 위해서는 내가 지금까지 어떤 책을 읽었고, 그 책에서 어떤 것을 얻었는지 정리하는 것도 중요하다. 강기태 작가는 현재 읽는 책이나 현재의 시대상, 일상에서 겪는 경험들이 다음에 읽을 책을 찾게 해준다고 생각하며 3단계(읽기, 기록하기, 사색하기)의 과정을 통해 독서를 한다. 그 과정에서 기존에는 하지 못했던 생각에 다다르게 되는데, '새롭게 드는 생각들을 확장하기 위한 책'을 다음 책으로 선별한다. 만약 궁금하지 않거나 호기심이 생기지 않는다면, 익숙하지 않은 전혀 다른 분야의 책을 읽기도 한다. 예컨대 소설

한정수 작가의 독서 기록 >>>

61	2018. 8. 15	얇은 책 제품이 아니라 브랜드 명함에 집중했을까?	임승선	이름부터 모든 것을 좌우한다.
62	2018. 8. 21	부의 지도	이상무	주택 가격의 심리라던가 할인 요소들을 잘 분해해 이해하기 쉽게 풀어낸다. 어디가 엉망나 오염지로 대박로 할 땐 판단거 같기다. 나중에 다시 읽어둘 만한 책.
63	2018. 8. 23	인류의 생각하는 법칙	칠용이	30년 어떤면 기대와 너무 낮아 사실상 물기. 주택구구식 지원의 절의 전략은 잘 파면 당원할 수 있다.
64	2018. 8. 26	나는 오늘도 경제적 자유를 꿈꾼다	청윤힌	재테크로서 자기 경영이 더 중요하다. 지금처럼 해둘 읽고 나 자신에게 투자하는 것들 아예 잊지. 성공하려면 미로를 들 알아야 하고, 버릴 것을 버릴 줄 알아야 한다.
65	2018. 8. 28	호텔VIP에게는 특별함이 있다	오현석	당연하던 것들이 남들에겐 특별한 핵심 비워지기도 한다는 생각이 들었다. 반대로 내가 좋았던 매니스 어떤 사람에게는 당연하기도 하겠다.
66	2018. 9. 2	뭉치는 덜 모르는데요	임전희, 김연수, 영정은, 이해원, 광다예, 정윤주	정치의 언어를 하루를 넘기고보 그 나면 멀게만은 너무도 간단하다. 나의 가치관과 생각을 반영시키는 방법이 무엇들까? 시민단체나 언론사를 만드는 것 고려, 유튜브?
67	2018. 9. 6	메스를 들다	아트놀트 판 더 라르	어떤 기술이 처음에는 사람들의 바삼들의 맞들 웬다. 모든 기술에 대해 회의적 해해들이란 잘 비워진 사람의 많을 믿을 수 백색 없는 것이다. 지금 우리 사회에도 적용될 것이다.
68	2018. 9. 8	아기곰의 재테크 불변의 법칙	아기곰	1000만원의 시드머니 차이가 몇 억의 차이를 불러온다. 지나간 기회는 무시하고 다음 기회를 잡을 준비한 사람의 되자.
69	2018. 9. 11	당신의 이득들게 차이니가 마음은 먹힌다	박훈	나에게도 '미안'에 있을버, 아니뻔 악었를버.
70	2018. 9. 16	묻는고 말하는 것은 아무짓도 설정자면 해내	박훈	박훈 시인 인터뷰를 위해 그의 책 두 권을 읽었다. 가장 본책을 읽어야만 문제가 무어해지는 데 도움이 된다. 미안이 아니라 다른 관계가 조금 될 죽어서 그건 것, 관계를 잘 묶이가 위한 과정.
71	2018. 9. 19	일본산의 독한 경영수업	거마카슨 노라아키	힘들이 아니라 모두 홀라다. 경영에서 이기고 싶으면 시간으론 승부해고, 견제네는 24시간 이 제시해라. 자신 정보 시, s.료만 조사하고 반영이 당긴 보고서는 바쁘며, 알으로의 일이 중요할 뿐. 용가능한 것은 인간이 아닌 기술이 미친 힘든 때문.
72	2018. 9. 21	사람배도 끝나게 동이알았다	시오월	여러 사람의 다양한 문제를 들을 수 있었다. 시가 공감대각 많은 그대 사람의 받아 아니고 사화 되게 되었다. 사람은 자가자에 사건의 상황과 갈등을 안고 살고 있는 그 자리에 가장 아름다운 모습으로 있오언 되는 것.
73	2018. 9. 24	마이추아	앤디 예리밀드	천문가의 세계는 관만으론 터장이 프로페셔널이 않는 될 후성어진 경우가 많다. 학자들의 보다야도 인해 혹은 본수로 서로 논란을 언덕해주는 많이 다른어, 인물 학수가 훌륭한 학자가 되기 때문이다. 천문가의 리필을 축천하는 자리 그걸 덕분자의 입실업 정보를 한 있는 세계가 없이 어떤. 아마이어마츠은 그의 전문성을 자유롭게 사한 정보나 오해서 천문가 다도 높은 결과들을 볼 수 있다.
74	2018. 9. 24	중소기업 대표가 알아두면 쓸모있는 법률상식	윤용근, 처명현, 정상경, 이선행	회사를 운영하면서 가장 찾아보기 좋은 책
75	2018. 9. 28	책 사업하는 나	아니오트 가즈오	무인가를 이루어진이면 많은 사람의 마음을 얻어 그들의 참여를 이끌어낼 수 있을 만큼 스순하고 강한 등기가 필요하다. 어떤 방향에서 싸는 담당해서 싸울 수 있는 고해한 줄, 목학적이며 없으면 보든 힘을 들어내고 주저의 현목을 만들 수 있다. 사람과 물지, 자본이 있는 상태에서 퇴괴과둬의 위재급단을 바라보고 싶한다. Qiver의 자세
76	2018. 10. 3	장심을 읽나니 고게	장안수	사람은 사람의 마음을 움직이는 것, 나뭇들 떠는 힘. 친성을 온전히 담지 못하면 마음대로 불리지 않는다. 본래가 생기면 생각 설비하는 곳보다 안정을 실패하는 완이 되면 될 것이다. 사부한이 되지 않고 눈사람이 되야한다. 마만백지는 사람은 더 더면버릇 만들어내다.
77	2018. 10. 4	인간의 조건	한승태	좋아니 노동자로서 없으면 불아거지지 많는 불러가 있다. 어딜 가니 억지 사람은 없고, 그렇게 약해하는 많이다.
78	2018. 10. 9	합법적으로 세금 안 내는 110가지 방법	신방수	종아니 삼속 받은게 둘리 세두나믜 삼상율 받자
79	2018. 10. 14	13억 분의 1의 남자	마시루라 젠지	힘든 권력 투쟁에서 나본다. 최고의 지리의 올리가터란 우배이나 리차황 같은 가만반 스타일보다 우직한 스타일이어야 하는 경우가 있다. 시기하는 세력은 달임오문 책을 만들지 않는 것이어야울 치고 최고의 완점
80	2018. 10. 16	넥스트 머니	고란, 이용재	비트코인은 선데이에 비트코인 케시로 버룹은 기술학 싸움의 버룹을 손간 정치적인 싸움이다. 글로 이는 화이트 비트코인을 방향이라는 방향으로 끌 것이기 때문이다. 오히려 경향이 있기 때문에 더 많이 싸인고 있인. 그런 면에서 이미 다수를 차지하고 있는 비트코인 코어가 더 유리할 거라고 본다. 비트코인 코어는 점점 이미 자발보자를 담은 불문으로서다, 본래의 비트코인을 더 옳자 대응오로 의아 해채한다.
81	2018. 10. 18	잊었던 진짜 진짜 미모되라으로 돈 비는 퍅	일선경	사실 만드는것보다 마케팅 건 방법 안반 결 된다는 것
82	2018. 10. 21	이스라엘 탈미오트의 비밀	재이슨 게파스	수학에는 스캘아옥 백터가 있다. 스캘아에는 크기만 있고 백터에는 크기와 방향이 돼 다 있다. 여행을 갈때 가장 중요한 것은 스캘아의 여행을 가야라 규건 스타일보다다 우정한 메시지율 이동어겠건해에 백터는 여다다. 어떤 어행이란 판여하얼 불문을이 해 올라가겠지 백터는 한상 일정이 방향을 이당지 못한다며 이 여행을 핀양 걸리다. 많잔 공방을 두고 많을 달아도 메도 새로운 긋정을 생각을 만지 못했이면 그 여행은 완해 걸리다. 양행낸 설레했던 일전의 어지윤 활성한면 그건 자신이 더. 실수는 말고 기록할 것이.

가 이문열의 《이문열 삼국지》를 1권부터 10권까지 모두 읽었다면 그 안에 나오는 심리학, 전략, 전술, 인간관계, 리더십, 처세 등으로 뻗어 나가며 책을 읽어보는 것이다.

　　가장 인상적이었던 손무의 《손자병법(孫子兵法)》은 중국 고대의 군사 전략서로, 전쟁과 정치적 분열로 인해 혼란스러운 춘추전국 시대에 만들어진 병법서다. 약 2,500년 전에 쓰인 이 책은 군사 전략을 넘어 정치, 경영, 인간관계 등 다양한 분야에 영향을 주며 널리 읽힌 고

전인데, 삼국지와 함께 여러 번 읽으며 삶에 좋은 영향을 받았다. 강기태 작가는 독서 습관을 들일 때, 주 5권 중 긍정의 힘과 성실한 삶을 위한 자기계발서 1권을 꼭 넣었다. 월요일 독서 시작은 그 자기계발서로 시작했는데, 이는 한 주를 긍정적으로 살아가게 해주는 비타민 같은 역할을 해주었다. 자기계발서의 내용은 누구나 할 수 있는 이야기처럼 쉽게 느껴졌지만, 실제로 그렇게 행동하기는 어려운 것들이었다. 읽은 직후에는 순간적으로 열정이 불붙고 긍정적인 마음이 생기지만, 이 효과가 그리 오래가지 않는다는 사실은 다들 알 것이다. 그런데 1년이 넘는 시간 동안 일주일에 한 번씩 52번의 자기계발서 주사(?)를 맞다 보니, 자기계발서에서 말하는 긍정적인 마인드가 어느 순간에는 실제로 자리 잡게 되었다. 더불어 그때부터는 따로 자기계발서를 읽지 않고도 꾸준한 독서 습관을 유지할 수 있었다.

강기태 작가가 독서에서 가장 중요하게 생각하는 것은 사색이다. 눈으로 읽는 것만으로는 부족하다는 것이다. 깊은 사색을 위해서는 좋았던 글귀나 문장들을 따로 정리하거나 곱씹는 시간이 필요하다. 새로운 글을 읽었을 때 드는 좋은 생각들과 새로운 아이디어, 영감들을 기록하고 자신의 것으로 만드는 시간이 필요하다. 만약 여유가 있다면 읽고 기록한 다음, 사람들을 만나 그것들을 공유하고 함께 토론해보는 것이 좋다(현재 독서 모임 '세빛'이 그렇게 하고 있다). 이는 생각의 유연함과 확장을 돕고, 채 닿지 못한 새로운 관점에 도달하게 해줄 것이다. 그리고 이러한 독서 활동을 몇 년간 지속하고 이전의 독서 기록들을 돌아본다면, 충격적이고 혁신적이었던 그때의 생각들을 당연하게 여기고 있는 현재의 자신을 발견할 수 있을 것이다.

강기태 작가는 독서를 할 때마다 독후감을 쓰는 습관을 들이고 있고, 한정수 작가는 2017년부터 지금까지 읽은 모든 책에 대한 '한 줄 평'을 작성해 관리하고 있다(본문 4장에서 공유한 '인생 현황판 템플릿'에서

강기태 작가의 독서 기록지 》》》

한정수 작가가 사용하는 독서 관리 시트의 샘플을 만나볼 수 있다). 이 책을 여기까지 읽은 김에 지금부터 1년에 100권 읽기, 하다못해 30권 읽기라도 도전해보면 어떨까?

기버의 마인드를 가진 해방자들에게 책은 나눔의 또 다른 '창구'다. 가령 독서를 통해 얻은 인사이트를 사람들에게 나누고, 나아가 이들이 성장할 수 있도록 돕는 것이 해방자가 추구하는 삶의 방식인 것이다. 독서를 통해 해방자는 자신만의 길을 만들어가고, 나아가 자신이 속한 세상을 긍정적으로 변화시킨다. 풍요로운 해방자는 책을 통해 스스로를 자유롭게 하고, 타인에게 풍요를 나누며, 진정한 의미의 해방자로 살아간다. 이들에게 독서는 삶의 일부이자 삶을 풍요롭게 만드는 필수 과정이다.

부록
투자에 대한 생각

"비관론이 최고조에 달했을 때가 매수의 최적기이며,

낙관론이 최고조에 달했을 때가 매도의 최적기이다."

"The best time for buy is at the peak of pessimism,

and the best time for sell is at the peak of optimism."

- 존 템플턴 John Templeton

이 책을 출간하기 전, 우리는 인스타그램과 유튜브를 통해 구독자님들과 독자님들의 질문을 수집하고 취합했다. 우리가 운영하는 채널이나 앞서 출간한 몇 권의 책에 아무래도 '투자와 관련된 이야기'가 많다 보니, 이것을 궁금해할 구독자님들과 독자님들이 많을 거라는 판단 때문이었다. 별도로 부록을 마련한 것도 평소 우리를 응원해주는 구독자님들을 위해서다.

우리는 '투자 기회'가 시장참여자들이 바라보는 리스크와 투자자 본인이 생각하는 리스크의 '괴리'에서 나온다고 생각한다. 시장참여자들의 눈에는 수익보다 리스크가 눈에 먼저 들어오고 별 가치가 없어 보이지만, 투자자 본인에게는 리스크보다 큰 수익이 눈에 먼저 들어오고 가치 있어 보이기 마련이다. 이 지점에서 투자 기회를 포착할수 있고, 이 괴리가 클수록 '큰 기회를 포착'하고 있는 것이다.

사람들은 '하이 리스크 하이 리턴'이라는 말을 많이 한다. 하지만 여기서 말하는 리스크는 그 의미가 매우 광범위하며, 사람마다 느끼는 범위와 정도의 차이도 크다. '리스크'라는 말을 너무 쉽게 사용하는 경향도 적지 않다. '하이 리스크 하이 리턴'을 직역하면 '리스크가 큰 것이 기대 수익이 크다' 정도의 의미가 된다. 결과론적 관점으로 볼 때, 정말 리스크가 있는 자산에 투자해 큰 수익을 얻은 것일까? 리스크가 있음에도 불구하고, 그 타이밍이 매수 기회라는 것을 정확히 인지했기 때문에 수익이 나는 것이다. 즉, 다른 사람의 매수 결정에 대해 '리스크가 큰 결정'이라고 할 수는 있지만, 투자를 결정한 사람의 관점에서는 그 투자가 리스크보다는 '기회'로 다가왔던 것이다. '리스크'라는 건 결국 절대적 요소가 아니라 상대적 요소다.

지금은 공감하기 힘들겠지만 2000년대 초반에는 '아파트를 사는 것은 미친 짓'이라고 대부분 생각했었다. 1997년 말 발생한 외환위기가 한국경제 전반에 심각한 타격을 주었으니 그럴 만도 했다. 실업률이 증가했고, 가계소득이 감소하면서 주택 수요 역시 급감했다. 그 결과, 서울을 비롯한 주요지역의 아파트 가격이 큰 폭으로 하락했다. 더불어 1990년대 후반부터 2000년대 초반까지 대규모 아파트 단지의 개발이 활발히 이루어지며 공급과잉 현상이 발생했다. 이를 통해 부동산 시장에 대한 불신과 투자심리가 위축되었으며, 대출 규제까지 강화되며 사회통념은 아파트 구매에 부정적이었다. 하지만 서울의 경우 2000년대 초반부터 2007년도까지 지속적인 오름세를 보였고, 지금 시점에서의 장기적인 아파트 가격 상승은 다들 알다시피 어마어마하다.

이 모든 정보를 머릿속에 넣고 과거로 돌아간다면, 강남에 아파트를 산다든가 비트코인을 싸게 산다는 생각을 '쉽게' 할 수 있다. 결과를 다 알고 있기 때문이다. 그러나 그 시점에는 무언가 '살 수 없는 이유들'이 항상 존재하고, 사회통념이 바라보는 대로 함께 그 리스크를 느끼기 마련이다. 즉, 투자 기회를 잡기 위해서는 실제 리스크와 사람들이 생각하는 리스크의 차이를 포착해야 한다. 누군가에게 '위험'하다고 느껴지는 자산을 지나치지 말고 눈여겨봐야 하는 까닭이다. 그 안에 있는 사람들이 느끼는 리스크 말고, 실제 리스크를 파악해야 한다는 것이다. 이를 스스로 검증하기 위해서는 더 많은 공부와 노력이 필요하다. 노력하는 만큼 그 기회에 좀 더 가까이 다가설 수 있다. 세상의 정보는 비대칭적이고, 기회란 비대칭적인 정보를 먼저 많이 습득하는 사람들에게 더 많이 주어진다.

또한 단순히 정보를 더 많이 습득하려는 것만으로는 좋은 결과를 만들어낼 수 없다. 투자란 좋은 '의사결정'의 반복이며, 좋은 결정은 더 많은 정보로 만들어지지 않는다는 것이다. 투자에 대한 경험, 세상의 변화, 정치, 사회, 경제, 문화 분야에서 벌어지고 있는 일들을 공부하고, 산업 사이클, 각종 자산군 등 다양한 인문학적 통찰을 길러내는 것이 중요하다. 우리가 비트코인 투자로 기회를 잡을 수 있었던 이유도 크게 다르지 않다.

많은 사람들이 현재 비트코인 투자가 여전히 유효한지, 그리고 우리가 비트코인에 투자하는 이유나 철학에 변화가 있는지, 이 시장에

현상의 이해를 돕는 관점의 변화 >>>

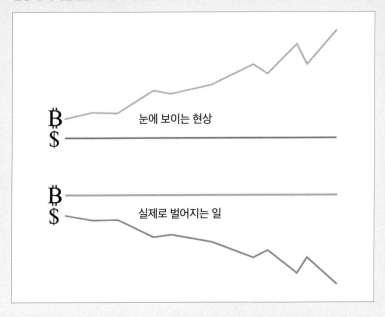

여전히 기회가 남아있다고 보는지 등을 궁금해했다. 그럴 만도 한 것이 우리가 처음 콘텐츠를 만들기 시작할 때보다 가상자산 시장이 훨씬 대중화되기도 했고, 2025년은 4년마다 오는 '비트코인 반감기에 따른 상승장'이 예상되는 해이기 때문이다. 2013년, 2017년, 2021년에 있었던 상승장이 올해에도 반복된다면 국내 증시에서는 보기 어려운 수익을 낼 기회가 많을 거라고 생각한다.

2009년 1월 3일 첫 블록이 채굴된 비트코인은 올해로 16번째 생일을 맞는다. 우리가 비트코인에 투자를 시작한 지는 7년쯤 되었는데, 그때 비트코인 투자를 진지하게 고민하게 된 까닭은 '아무도 비트코인을 멈추거나 죽일 수 없다는 장점' 때문이었다. 인터넷 자체를 없애지 않는 한, 전 세계에 한 명이라도 컴퓨터로 비트코인 프로그램을 돌리는 사람이 있다면(이런 컴퓨터를 비트코인 '노드'라고 부른다) 비트코인은 계속 생존할 수 있다. 확실한 수요와 가치가 있고 어떠한 정부나 조직도 완전히 죽일 수 없으며, 인지도와 신뢰가 시간이 갈수록 커지는 자산이라면 확실히 투자해볼 만했다.

우리가 처음 비트코인에 흥미를 가진 시점은 '대부분의 사람들이 비트코인에 관심이 없을 때'였다. 당시 가상자산 분야에 '블랙록(세계 최대의 자산 운용 회사)'을 비롯한 다양한 투자회사들이 간접투자를 진행하고 있었고 페이스북, 삼성, 테슬라 등 여러 회사가 가상자산에 관심을 보였다. 일론 머스크의 경우에는 '도지파파'를 자처하며 도지코인에 대한 애정을 지속적으로 노출했다. '마이크로스트레터지(MSTR)' 같은 비트코인에 직접 투자하는 상장사도 생겨나며, 비트코인의 수요가 늘어나는 것이 눈에 훤히 보일 정도였다. 놀라운 것은 당시 사회 분위기는 비트코인이 도박이나 스캠과 같은 매우 '위험한 자산'으로 취급되었다는 것이다. 위에서 말한 것처럼 사회통념이 바라보는 리스크와 투자자 본인이 바라보는 리스크의 괴리가 크기 때문에 그 기회는 아주 컸다.

비트코인의 가격 추세를 예측하는 일은 생각보다 간단했다. 비트코인의 수요와 공급에 대한 예측이 그것을 도왔고, 우리는 시간이 지나면 지날수록 비트코인의 수요가 '꾸준히 증가할 수밖에 없다고' 생각했다. 국경이 없고 조작이 불가하며, 멈출 수 없는 가치 저장 수단이라는 장점 덕분에 비트코인의 수요는 15년간 꾸준히 늘어났다. '장난'이나 '사기' 취급을 받던 비트코인은 최근 비트코인 ETF를 통해 전통금융시장 편입에 대한 논의가 있었고, 실제로 그렇게 되었다. 결과적으로 비트코인의 가능성을 일찍이 알아본 투자자들은 큰 부자가 되었고, 비트코인이 금방 사라질 거라고 예측했던 경제학 교수들은 비웃음거리가 되었다.

공급에 대한 예측은 더 쉬웠다. 비트코인의 공급은 '반감기'에 따라 움직이기 때문이다. 비트코인은 사람들이 자발적으로 노드를 운영하며 거래에 필요한 계산을 대신 해줘야 작동하기 때문에 이 계산을 빠르게 해내는 사람들에게 특정 개수의 비트코인을 지급한다. 이 과정을 '채굴'이라고 한다. 채굴을 위한 컴퓨터를 사서 전기세를 내고 노드를 운영하는 채굴자들은 이렇게 채굴된 비트코인을 팔아 노드 운영비용을 충당한다. 비트코인을 신규 발행하는 유일한 방법은 '비트코인 채굴'이기 때문에 채굴자들이 '채굴 비용 충당을 위해 시장에 파는 이 비트코인의 양'이 곧 비트코인 시장의 신규 공급량이다.

신규로 채굴되는 비트코인의 양은 비트코인 프로그램의 코드에 이미 다 계획되어 있다. 존재하는 비트코인의 수는 최대 2,100만 개이고, 10분에 한 번씩 비트코인 거래 블록이 처리될 때마다 새로운 비트코인이 채굴된다. 이 블록이 21만 개 쌓일 때마다 나오는 비트코인의 양은 줄어든다. 블록 사이의 간격이 10분이라는 걸 감안하면 약 '4년의 시간'이다. 블록당 50개의 비트코인이 지급되었던 2009년 1월부터 첫 반감기인 2012년 11월까지 총 발행 한도의 50%(1,050만 개)가 발행되었고, 그때부터 반감기마다 총 발행 한도의 25%, 12.5%, 6.25%씩 새로운 비트코인이 발행되었다. 현재까지 총 발행 한도의 95%에 달하는 비트코인이 이미 유통되고 있다. 새로운 공급은 점점 줄어들고 있는데 수요층은 계속 넓어져 가격이 가파르게 오를 수밖에 없는 구조다. 특히 신규 공급이 급감하는 반감기 이후부터는 큰 가격 상승이 나타난다.

그렇다면 지금은 어떨까? 비트코인이 가치가 있고, 앞으로도 지속될 것으로 생각하는 사람들은 과거보다 훨씬 많아졌다. 재선에 성공한 도널드 트럼프는 과거 비트코인을 미국의 '전략적 비축 자산'으로 표현하기도 했다. 우리가 처음 비트코인에 투자했던 6년~7년 전과 비교한다면, 비트코인에 대한 사회의 시선은 완전히 뒤바뀌었다. 이는 현재 비트코인이 가지고 있는 '기회' 자체가 과거보다 적을 수밖에 없다는 것을 뜻한다. 우리는 이번에도 반감기 이후 큰 가격 상승세가 나타날 걸 예상해 작년부터 이를 준비해왔다. 전통금융에 편입되기 시작한 비트코인은 이제 더는 개인들만의 시장이 아니지만, 아직 기회는 남아있다고 생각한다. 비트코인에 대한 믿음은 강해졌지만, 비트코인을 제외한 알트코인들의 믿음은 여전히 불신으로 가득하기 때문이다.

어쩌면 가상자산 시장에서 인생을 바꿀 정도의 돈을 벌 기회는 이번 반감기가 마지막일지도 모른다는 생각도 한다. 그러나 만약 이 책이 출간되는 시점에 비트코인 시장에 '처음' 뛰어든다면 말리고 싶다. 이미 몇 년 동안 철저하게 준비한 소위 '고인물'들이 많기 때문이다. 그들은 오랜 기간 여러 번의 시뮬레이션을 통해 이 기회를 준비해왔고, 이 시장에 대한 이해도도 높다. 만약 이 책을 읽고 그저 '비트코인이 유망하다'는 생각 때문에 앞뒤 안 가리고 투자한다면 돈을 잃을 가능성이 매우 크다. 하지만 이미 투자를 하고 있거나 처음이더라도 꼭 투자하고 싶다면 최선을 다해서 공부하고 집중하길 바란다. 어쩌면 마지막일지도 모르는 이번 기회를 놓치거나 망치지 말라는 뜻이다.

이런 마음가짐을 갖고 진지하게 임하는 사람과 그렇지 않은 사람은 1년이 지난 후 결과에 큰 차이가 있을 것이다.

　또 강조하고 싶은 것이 '리스크 관리'다. 이 책을 읽고 있다는 것 자체가 비트코인이 '고평가 영역일 가능성이 높음'을 방증한다. 즉, 매수가 아닌 매도를 고민해야 하는 시점일 수도 있다는 것이다. 많은 사람들이 트럼프 대통령 재선 성공과 함께 '이번엔 다를 것'이라고 말하지만, 우리가 생각하는 투자원칙대로 흐르지 않을까 생각한다. 발전하는 대부분의 자산들은 저평가 영역과 고평가 영역을 넘나드는 사이클을 지닌다. 투자란 저평가 영역에서 모으고, 고평가 영역에서 매도하는 것이다. 이 책을 고를 때 만약 근처에 '비트코인' 어쩌고, '가상자산' 어쩌고 하는 책들이 즐비해 있다면 그것은 고평가 영역의 지표일 수 있다. 서점에서 비트코인 관련 책이 가장 많이 팔리고 있다면, 그것은 이미 대중적으로 비트코인이 인기를 끌고 있다는 의미이기 때문이다.

　대중적으로 비트코인이 인기가 있다는 것은 이 시장에 추가적으로 들어올 자금이 많지 않다는 뜻이기도 하다. 고평가 영역에 새로운 신규 진입자들이 비트코인을 살 때, 과거 저평가 영역에서 아무도 관심 없을 때 모았던 사람들이 팔고 나간다. 그러다 보니 지금 시점에서는 사실상 버는 것보다 지키는 게 더 중요하다. 가상자산으로 수익을 본 경험은 있어도 그걸 실현해서 실제로 돈을 많이 번 사람은 생각보다 적다. 변동성이 워낙 크고 시장의 움직임이 빠르다 보니 욕심에 못 이겨 수익을 다시 반납하는 경우가 많다는 것이다. 이번에도 대부분의 사람들은 돈을 잃게 될 확률이 높다.

가상자산 세계는 크게 '비트코인'과 비트코인 외의 '알트코인'으로 이루어져 있는데, 알트코인들은 일부 진지한 프로젝트를 제외하고 99%는 껍데기뿐인 맹탕이다. 여러분의 욕심을 노린 사기꾼들도 많다. 큰돈을 벌기 위해 가장 중요한 건 리스크를 관리하는 것이다. 리스크를 관리해내지 못하면, 아무리 많은 돈을 벌어도 가진 돈의 전부를 쉽게 잃을 수 있다. 우리는 몇백억 원이 있던 사람이 하루아침에 몇억 원만 남거나, 모든 돈을 몽땅 잃는 사례들을 종종 봐왔다. 그래서 시장 심리가 어느 정도까지 다다르면 수익 실현을 할 것인지, 과격하게 움직일 시장의 흐름 속에서 어떤 원칙을 세우고 지켜나갈지 미리 생각해두는 것이 좋다.

알트코인 투자에서 중요하게 봐야 하는 부분은 '펀더멘탈'과 '내러티브'다. 펀더멘탈은 얼마나 많은 사용자가 어떤 생태계에서 어떤 역할을 해내고 있는지 파악하는 것이며, 토크노믹스에 따른 공급과 로

드맵의 실천 여부, 운영팀의 운영 실력 등을 포괄한다. 내러티브는 특정 자산에서 투자자들의 관심과 신뢰를 형성하는 스토리나 주제를 의미한다. 이번 사이클에서 주목받고 있는 내러티브는 인공지능(AI), 밈(meme), 국제금융전문표준(ISO 20022) 등이 있는데 내러티브는 사이클마다 바뀌고, 가치가 과하게 부푸는 경우가 많기에 주의를 기울여야 한다. 특히 이번 상승장의 주요한 내러티브 중 하나인 '밈' 분야는 발행 주체도 분명하지 않고, 발행의 목적도 '놀이'인 경우가 대부분이기 때문에 각별한 주의가 요구된다.

이번에 정권을 잡은 도널드 트럼프 행정부 자체도 하나의 거대한 밈이다. 밈을 좋아하는 도널드 트럼프와 일론 머스크가 손을 잡았기 때문이다. 일론 머스크는 행보 하나하나가 인터넷 밈이 되는 '밈의 황제'이며, 시바견을 모티브로 장난스럽게 만들어진 도지코인(Dogecoin)을 지금의 위치까지 끌어올린 당사자이기도 하다. 그는 이번 대선에서 도널드 트럼프를 대통령으로 만들기 위해 트위터(현 X)를 인수하는 등 트럼프 당선에 모든 것을 걸었다. 그 결과 정권의 핵심 인물로 떠올랐고, 이번 정부에서 신설된 정부효율부(Department Of Government Efficiency)의 수장을 맡았다. 이 부서의 약자는 놀랍게도 도지코인의 이름을 딴 'DOGE'다.

우리는 주식 시장이나 부동산 시장과 비교했을 때 가상자산 투자의 난이도가 가장 높다고 생각한다. 투자의 어려움은 불확실성과 변동성에 있다. 가상자산 분야는 무규제 지역에 있는 자산들이 많아 정보 비대칭이 극심하고, 이것이 불확실성을 더 크게 만들어 높은 변동성을 지닌다. 대부분의 사람들에게 잘 맞지 않을 가능성이 큰 이유다. 특히 비트코인과 같은 대형 가상자산이 아닌 중소형 가상자산이라면 난이도는 더 높아진다. 시장의 속도는 엄청나게 빠르며, 365일 24시간 돌아가기 때문에 개장과 폐장도 없다. 트렌드가 하루 안에 여러 번 바뀌기도 한다. 큰 하락이 나오다가도 더 큰 상승이 나타날 수 있고, 큰 상승이 나오다가도 더 큰 하락이 이어질 수 있다. 멘탈이 약하거나 투자 경험이 없는 사람은 욕심과 공포에 휘둘리다 돈을 잃기 딱 좋다.

가상자산 시장은 높은 난이도에 비해 이상하리만큼 초보 투자자들의 비중이 높다. 높은 수익률에 이끌려 투자 경험이 없는데도 일확천금을 노리고 들어온 사람들이 많기 때문이다. 비트코인을 필두로 한 가상자산 시장의 규모는 점점 커지고 있지만, 사람들의 이해도는 크게 나아지지 않았다. 미국 주식에 투자할 때는 열심히 공부하던 사람들도, 비트코인에 투자할 때는 욕심만 갖고 뛰어드는 경향이 있다. 가상자산 시장은 지난 10년간, 5년간, 1년간의 수익률 모두 주식 시장과 부동산 시장을 압도한다. 그런데 그 상승을 오롯이 가져간 사람은 손에 꼽는다.

　투자는 결국 '제로섬'이다. 큰돈을 번 사람이 많다는 건 그만큼 큰 돈을 잃은 사람도 많다는 뜻이다. 시장의 공포와 욕심에 휘둘리지 않을 자신이 없거나 본인의 투자 경험이 부족하다면, 가상자산 투자에 극도로 신중해야 한다. 주식 시장이나 부동산 시장에 투자할 때보다 더 많이 공부할 각오도 해야 한다. 가상자산 투자로 큰돈을 번 투자자들의 얘기만 듣고, 쉽게 돈을 벌 거라는 안일한 마음가짐으로 투자했다가는 다른 사람들의 수익을 늘려주기만 하는 꼴이 될 것이다.

　그러나 반대로 비트코인에 관심을 갖지 않는 것 또한 리스크다. 최근 10년간 전 세계에서 가장 주목받는 투자 시장이기 때문이다. 가상자산에 대한 미국 정부의 기조가 처음으로 호의적으로 바뀐 트럼프 정권에서는 특히 더 다양한 기회가 열릴 것이다. 예/적금이나 국내 주식만 고집하는 투자자는 비트코인이나 미국 주식을 여전히 위험하게 받아들일지도 모른다. 하지만 '위험에 대한 감지'는 지극히 상대적이다. 우리는 대한민국에 태어났기 때문에 모든 자산이 대한민국 원화에 집중되어 있는 것을 신경 쓰지 않는다. 그러나 미국에 태어난 사람이 대한민국의 원화로만 자산을 갖고 있다면 어떨지 한번 생각해보라. 넓은 시각에서 보면 한국은 지정학적 리스크, 인구 감소 등 다양한 문제를 가지고 있는 나라다. 미국에 태어난 대부분의 사람들은 전 재산을 한국 원화로 가지고 있는 것을 매우 위험하다고 생각할 것이다. 우리 역시 미국 달러나 비트코인이 대한민국 원화보다 훨씬 더 안전하다고 생각한다.

지금부터는 '우리'가 아닌 '여러분'의 이야기

여러 모임을 하던 중 빵집을 운영하는 구독자 A 님을 만난 적이 있다. A 님은 직접 만든 음식을 타인이 맛있게 먹을 때 가장 큰 행복감을 느낀다고 말했다. 다니던 직장을 그만두었고 급여도 줄었지만, 그 어느 때보다 '자유롭고 행복하다'는 것이었다. A 님은 사업이나 투자를 통한 '경제적 자유 얻기'에 혈안이던 시절에 대해 얘기했다. 그러나 모든 것을 경험하고 되돌아보니 '경제적 자유' 즉, 금전적인 자산만을 얻기 위해 몸부림쳤던 그 시절이 그리 행복하지가 않았다고 했다. 돈이 필요한 이유가 결국은 본인이 하고 싶은 일을 하면서 살기 위함인데, 막상 그 '하고 싶은 일'은 경제적 자유라는 거창한 성취 없이도 충분히 할 수 있겠다는 생각이 들었다고 말했다.

대부분의 사람들은 '자신의 소중한 시간을 돈을 벌기 위한 수단으로 사용하지 않기 위해' 경제적 자유를 얻으려 한다. 그리고 그 소중한 시간을 '자신이 정말 하고 싶은 것'과 '진심으로 사랑하는 것'으로 채우길 원한다. 그런데 A 님은 당장 돈이 없더라도 '자신이 가장 하고 싶은 것들'로 시간을 채우면 경제 활동이 충분히 이루어지고 있다고 느꼈고, 그래서 경제적 자유라는 '멀고 희미한 목표'를 더 이상 좇지 않게 된 것이다.

A 님의 말을 듣고 독서 모임에서 했던 '부자의 정의에 대한 논의'가 떠올랐다. '부자란 무엇일까?'라는 질문에 '최소 몇십억 원, 몇백억 원이 있어야 한다', '시간이 자유로워야 한다', '하고싶은 일만 해야 한다' 등의 다양한 의견이 있었는데, 그중 누군가는 '돈에 구애받지 않고 자기 자신이 무슨 일을 할 때 가장 행복한지를 제대로 이해하며, 그 일을 할 수 있는 사람'이라고 답했다. 그 대답으로 미루어보면 A 님은 돈의 유무를 떠나 돈에서 어느 정도 해방된, 그러니까 돈에 종속되어 있지 않은 '행복한 사람'이라는 생각이 들었다.

우리는 이러한 만남들을 통해 집필의 아이디어를 얻었다. 사람들은 더 많은 급여, 더 많은 자산, 경제적 자유를 원하며 동시에 돈에 치중된 많은 의사결정을 하지만, 사실 삶에는 돈보다 훨씬 중요한 것들이 많다. 다만 그걸 잊고 살아가고 있을 뿐이다. 어쩌면 돈에 종속된 수많은 의사결정을 내리면서도 막상 '월급'보다는 업무적 인정이나 좋은 인간관계, 평범한 하루하루에 큰 만족감을 얻으며 살아가는지도 모르겠다. 결국, 우리는 자신이 가진 것에 더 집중하고 만족하며, 건강한 방식으로 부를 쫓는 해방자의 삶에 대해 전하고 싶었다. 우리의 이야기가 당장의 부를 가져다주지는 않겠지만, 돈에서 해방된 마인드를 어느 정도 갖는 것만으로도 삶의 변화를 얼마든 꾀할 수 있기 때문이다.

돈과 행복, 그리고 자유…. 집필을 시작하기 전, 감히 우리가 이런 주제로 책을 써도 되는 것인지 고민이 많았다. 평생 답을 내리기 어려운 어렵고 무거운 문제에 대해 그저 얄팍한 답을 내놓는 건 아닐지 걱정도 되었다. 한 달에도 몇 번씩 글을 갈아엎었고, 책의 핵심 문장을 정하는 데는 6개월이 넘게 걸렸다. 하지만 얘기를 나누면 나눌수록 그림은 명확해지고, 책의 존재 의미도 분명해졌다. 둘이 함께 글을 쓰면서, 혼자서는 명확하게 규정짓기 어려웠던 생각들이 조금씩 정리되어갔다. 또 우리와 함께 즐겁게 토론해준 주변 사람들 덕에 고민의 깊이를 한 단계 높일 수 있었다. 돈을 대하는 자세, 행복을 찾는 방법, 삶의 우선순위 등 이 책을 쓰는 과정에서 했던 고민들은 이미 우리의 삶을 더욱 윤택하게 만들었다. 우리가 일상에 치여 잊고 살아가던 중요한 것들을 다시 한번 되새기는 계기가 되었기 때문이다. 독자들이 이 책을 통해 잠깐이나마 인생을 돌아보고 '돈보다 더 중요한 것들'에 대해 생각한다면, 그것으로 이 책은 역할을 다한 것이다.

인생은 끝없이 펼쳐지는 하나의 '스펙트럼'과 같다. 자신이 알고 있는 범위가 세상의 전부라고 생각했다가도, 그 경계선에 다다르면 그만큼의 새로운 범위가 또 다시 펼쳐진다. 돈이 없을 때는 수십억 원을 가진 부자가 되면 부의 스펙트럼 끝자락에 다가갈 수 있을 것 같지만 부자들끼리도 엄청난 차이가 있고, 가늠할 수 없이 넓은 스펙트럼이 존재한다. 우리 역시 부자들의 스펙트럼 가장 아래에 있을 뿐이다. 경험하는 스펙트럼의 범위가 넓어질수록 바라보는 세상의 범위가 넓어지고, 또한 겸손해지게 된다.

여러분들이 이 책을 읽고 더 행복한 사람이 되었으면 한다. 돈을 많이 벌고 싶은 마음은 우리를 포함한 누구나 갖고 있다. 그 생각을 족쇄가 아닌 연료로 삼아, 스스로에게 동기부여하는 긍정적 에너지로 활용했으면 좋겠다. 그와 동시에 자존감의 포트폴리오를 다각화하고, 남들과의 비교에서 벗어나길 바란다. 과감한 실행력을 바탕으로 성장하는 환경을 구축하고, 자신만의 방향성을 찾아나가길 바란다. 그렇게 돈뿐만 아니라 스스로의 인생을 지배하는 '해방자'의 삶의 방식을 추구한다면, 돈만 쫓는 공허한 삶보다 훨씬 풍요로운 삶을 살아갈 수 있을 것이다.

우리가 써내려 온 '부의 해방일지'는 여기까지다. 우리는 계속해서 해방자의 삶의 방식을 실천해 나가며, 우리와 뜻이 맞는 사람들을 계속해서 모을 것이다. 이제는 우리가 여러분의 이야기를 듣고 싶다. '해방자'의 삶의 방식을 추구하며 자신만의 '부의 해방일지'를 써 내려가는 여러분의 이야기 말이다. 그러니 연락해주길 바란다. 편지든, 이메일이든, 유튜브든, 인스타그램이든, 무엇을 통하든 좋다. 혼자 하던 고민을 함께 나누는 것만으로도 이 기나긴 여정에 큰 위안이 되지 않을까.

파이어드
부의 해방일지

1판 1쇄 인쇄 2025년 2월 24일
1판 1쇄 발행 2025년 3월 10일

지은이 | 한정수, 강기태
발행인 | 김형준

책임편집 | 박시현, 허양기
디자인 | 김윤남
온라인 홍보 | 허한아
마케팅 | 성현서

발행처 | 체인지업북스
출판등록 | 2021년 1월 5일 제2021-000003호
주소 | 경기도 고양시 덕양구 원흥동 705, 306호
전화 | 02-6956-8977
팩스 | 02-6499-8977
이메일 | change-up20@naver.com
홈페이지 | www.changeuplibro.com

ⓒ 한정수, 강기태, 2025

ISBN 979-11-91378-67-2 13320

체인지업북스는 내 삶을 변화시키는 책을 펴냅니다.